AF337664

ÉLOGE

PHILIPPE FERRÈRE

ÉLOGE

DE

PHILIPPE FERRÈRE

PRONONCÉ LE 7 DÉCEMBRE 1856

A LA RENTRÉE SOLENNELLE DES CONFÉRENCES DES AVOCATS

PAR

M. Jules LACOINTA,

DOCTEUR EN DROIT,

ALORS AVOCAT PRÈS LA COUR IMPÉRIALE DE TOULOUSE.

———

Éloge couronné par l'Académie Impériale des Sciences,
Belles-Lettres et Arts de Bordeaux.

———

DEUXIÈME ÉDITION.

———

TARBES
IMPRIMERIE DE PERROT-PRAT
PLACE MARCADIEU
—
1868.

AVIS DE L'ÉDITEUR.

—

Philippe Ferrère, né à Tarbes, en 1767, est l'une des plus hautes illustrations du Département des Hautes-Pyrénées. L'éloquence de cet avocat célèbre a été souveraine au barreau ; sa vie est sans tache ; la plus pure auréole environne son nom.

En 1856, M. Jules Lacointa, alors avocat près la Cour Impériale de Toulouse, prononça, à la rentrée solennelle des conférences, l'éloge de ce puissant orateur. Les sympathiques adhésions, nombreuses autant qu'élevées, qu'obtint cette œuvre nous font penser qu'une seconde édition sera accueillie avec faveur. M. Lacointa nous a autorisé à la publier.

La ville de Tarbes n'a encore rendu aucun honneur à cette grande mémoire. Puisse une généreuse initiative mettre fin à un oubli immérité !

Des appréciations développées ont été exprimées sur Ferrère, à la suite notamment de l'éloge de 1856. Il y aurait peut-être quelque intérêt à présenter ici réunis tous les suffrages d'admiration qu'a inspirés sa noble vie. [1] Détachons tout au moins de l'ensemble deux lettres, entre beaucoup d'autres, adressées à l'auteur de l'éloge par deux maitres de la parole, de la science et de la vertu :

Paris, le 30 décembre 1856.

Mon cher Monsieur,

..... Je viens vous remercier sincèrement de tout le plaisir que m'a causé la lecture de votre éloge de Ferrère. Vous faites admirer et aimer respectueusement cet avocat illustre, dont la grande âme a trouvé les plus belles inspirations de l'éloquence

---

(1) Voir *La Gazette du Languedoc*, du 9 décembre 1856 ; — le *Journal de Toulouse* et l'*Aigle de Toulouse*, du même jour ; — *La Chronique de la Bigorre*, du 24 janvier 1857 ; — *La Revue des Sociétés savantes*, d'avril 1858 ; — l'*Echo du Tarn*, du 3 mai 1862, qui reproduit le procès-verbal de la séance du 17 mai 1861, à la *Société littéraire et scientifique de Castres*, etc. etc.

M. Pinard, ancien Conseiller à la Cour Impériale de Paris, qui a consacré quelques pages à Ferrère dans le tome II de son ouvrage intitulé *Le Barreau au XIXe siècle* (v. p. 187-203 de l'édition de 1865), écrivait le 11 janvier 1857 :

« ...... J'ai lu, Monsieur, avec beaucoup d'intérêt votre travail sur M. Ferrère. *Grâce à vous, je connais mieux maintenant* le grand avocat et l'excellent homme dont vous avez su très-bien parler et dont j'avais essayé, il y a longtemps, de dire quelques mots..................... .... Je suis un vieux soldat qui aime à lire la vie des grands capitaines... .... »

judiciaire. Les autres avocats de réputation ont en leurs jours
d'éloquence ; mais Ferrère était éloquent par nature : une cause
était pour lui une source d'émotions d'où jaillissaient les élans
les plus purs de l'ordre moral. Aussi le Barreau de Bordeaux
était-il le forum antique, aux jours des grandes causes, et rien
dans notre barreau moderne ne peut donner l'idée de cette éloquence passionnée jusqu'au sublime. Vous êtes bien heureux de
posséder vingt-trois plaidoyers du grand orateur, et vous avez
été bien heureusement inspiré en vouant à sa mémoire un culte
qui a produit une notice désormais inséparable de sa biographie.
Je n'ai habité Bordeaux et je ne me suis assis parmi les anciens
confrères de l'illustre avocat que 17 ans après sa mort ; mais j'y
ai trouvé son souvenir aussi vivant que s'il était mort de la
veille. Vous avez bien compris le respect et l'amour dont son
nom est entouré ; vous avez eu des détails de sa vie intègre qui
sont un exemple pour tous les avocats du présent et de l'avenir ;
. . . .
j'applaudis au succès que votre notice obtiendra dans les barreaux
fraternels de Bordeaux et de Toulouse.

Veuillez agréer, mon cher Monsieur, mes vives et sincères
félicitations.

Votre affectionné ancien confrère,

F. LAFERRIÈRE,

Membre de l'Institut, inspecteur général des facultés de droit.

Bordeaux, le 14 janvier 1857.

MONSIEUR,

. . . . . . J'ai reçu avec reconnaissance et lu avec bonheur votre
éloge de Philippe Ferrère, l'une des gloires de notre Bordeaux
et du barreau Français. Quoique je n'aie jamais connu cet
illustre orateur, son nom a laissé trop de retentissement et sa
mémoire trop d'éclat, pour que je n'aie pas, comme une satisfaction personnelle, à me mêler au légitime éloge que vous avez
fait de ce beau talent et de ce noble cœur.

Les succès obtenus par Ferrère au barreau, à une époque
féconde en orateurs éminents, tenaient surtout à cette longue
persévérance dans la grande étude de l'antiquité, dont vous

avez signalé l'importance dans votre discours. Ce fut à cette mâle école, à ces doux exercices de la plus belle littérature qu'il dut l'éloquence, à la fois grave et vibrante, qui distingua son talent.

Vous avez surtout fait remarquer, avec un intérêt tout spécial, combien le cœur de votre illustre compatriote trouva d'inspirations puissantes dans les principes religieux auxquels il fut invariablement attaché. Il est incontestable que le talent de l'avocat gagne immensément à ces fortes croyances, qui laissent toujours dans l'âme leur vigueur et leur sérénité. Et si, de nos jours, nous voyons s'abaisser le niveau de l'éloquence, il ne faut pas en chercher la cause ailleurs que dans le triste éloignement du siècle pour les doctrines qui firent le bonheur de la vie de Ferrère et furent sa consolation dans ses dernières années, éprouvées par l'isolement et la tristesse.

Vous-même, Monsieur, donnant l'exemple de l'éloquence, vous avez fait ressortir tout ce qu'il eut d'élevé et de mâle comme orateur et comme chrétien. Vous avez consacré de belles pages à son désintéressement, à son indépendance. C'était bien la réalisation de l'orateur, tel que l'antiquité elle-même l'avait compris : *vir bonus dicendi peritus.*

Soyez fier, Monsieur, d'avoir associé votre nom à un nom si illustre. Il vous portera bonheur dans la carrière que vous avez embrassée, carrière magnifique dont notre célèbre avocat avait fait une magistrature et un sacerdoce.

Les souvenirs que votre beau travail vous a fait évoquer auront dû exercer sur votre cœur leur puissant empire. Vous n'aurez pas loué une si grande âme et un si noble talent, sans vous être passionné pour les vertus, dont il fut dans Bordeaux un si admirable modèle.

Recevez, Monsieur, l'assurance de mes sentiments les plus distingués.

† Ferdinand, Cardinal DONNET,

Archevêque de Bordeaux.

PHILIPPE FERRÈRE.

Messieurs,

Au commencement de ce siècle, lorsqu'une main puissante eut replacé la société sur ses fondements et renoué la chaîne des temps qu'un choc violent avait brisée, la voix de la Religion, longtemps muette, put faire entendre ses divins enseignements, et la Justice, cette autre égide des nations, rouvrit ses temples et reprit son souverain et légitime empire. On vit alors se rapprocher, se former en faisceau les membres d'un Ordre qui s'était désorganisé dans la tempête, et partout, en France, le barreau se reconstitua.

Le suffrage public assigna, dès l'origine, le premier rang au corps des avocats de Bordeaux. Cité aimable et hospitalière, terre nourricière de l'éloquence, Bordeaux avait vu accourir dans ses murs, bien avant les jours néfastes de la Révolution, de jeunes hommes séduits par la vieille réputation de son Parlement et par le nom de Montesquieu. Quelques-uns, mûrs pour la lutte, avaient été entraînés par le mouvement politique ; on connait et leurs noms et les agitations de leur vie. A qui pourrions-nous apprendre comment ils sont morts ? Les autres, demeurés fidèles aux études de leur première jeunesse, s'étaient préparés par la méditation et la retraite ou par un exercice périlleux de leur ministère, aux luttes de la parole. Après la tourmente, décimés, il est vrai, mais plus vigoureusement trempés, ils s'étaient retrouvés dans la même ville, retenus par le souvenir de ceux qu'ils avaient aimés, peut-être aussi par le pressentiment de leur grandeur future.

Au milieu d'eux se rencontra un homme qui, dans le cours trop tôt interrompu de sa carrière, ne connut qu'une passion, l'amour du bien. Par l'élévation de l'esprit, l'exquise sensibilité, l'énergie, l'éloquence, il est une des gloires du barreau français ; par son incorruptible vertu, il appartient aux vieux âges. Cet homme est Philippe Ferrère, né à Tarbes, le 2 octobre 1767.

Dans sa bienveillance, Messieurs, le Conseil de l'Ordre nous a investi d'un honneur auquel notre peu de mérite ne nous donnait aucun droit ; il nous a remis la tâche de raconter devant vous la vie d'un de ces hommes rares qui ont laissé une trace lumineuse de leur passage dans l'exercice de la magistrature ou du barreau. Nous avons choisi Ferrère : sa vie s'est écoulée tout entière à la barre de la justice. Sans doute, il n'a pas eu Toulouse pour berceau ; mais il est né dans le Midi, qui a gardé comme un reflet de sa gloire. A-t-il, d'ailleurs, une étroite patrie celui dont la vertu égala le génie ? Et pourquoi craindrions-nous d'avouer que nous nous sommes senti attiré instinctivement vers cette noble figure qui parlait à nos yeux et rayonnait à notre cœur avant l'honneur qui nous est fait de porter la parole dans cette solennité ? Puisque la science, en

multipliant la vitesse, rapproche de nous deux villes
fières, l'une de l'avoir vu naître, l'autre d'avoir servi
de théâtre à ses triomphes, ne devons-nous pas regarder
Ferrère comme un des nôtres et lui rendre les homma-
ges que nous rendons aux hommes illustres dont
s'énorgueillit notre cité ?

Philippe Ferrère fut membre d'une famille qui connut
plutôt les amertumes que les douceurs de l'existence.
Son père cultiva, avec un égal amour, la littérature,
les sciences exactes et les beaux arts (1). Retenu à
Paris par l'amitié du sculpteur Pigale, dont il suivait
les leçons, il avait longtemps vécu éloigné de Tarbes,
sa ville natale ; mais des intérêts domestiques l'y rame-
nèrent peu de temps avant le 2 octobre de l'année 1767.
C'est à cette circonstance que Tarbes est redevable
d'avoir vu venir au monde et grandir le onzième enfant
de cet artiste, qui sacrifia le soin de sa renommée aux
devoirs et aux affections de la famille. Appliqué à
l'éducation de ses enfants, le père leur inspira le sentiment de l'honnête et déposa dans le cœur de son plus
jeune fils le germe des qualités qui devaient honorer
sa vie.

Comme il arrive souvent à ceux qui sont prédestinés
à la réalisation de généreux desseins, Philippe Ferrère
eut à soutenir, dans l'ordre de la nature d'abord et plus
tard dans l'ordre moral, les plus rudes épreuves. Il fut
atteint, dès son plus bas âge, de la variole, dont les

____

(1) Avant la Révolution, on voyait dans la chapelle des comtes
d'Ossun (Hautes-Pyrénées) une sainte Catherine de Sienne, fort
appréciée, due au ciseau de Dominique Ferrère. On peut remarquer encore une statue en marbre de saint Augustin, qu'il fit
sous la direction de Pigale, pour la chapelle de l'hôtel des Inva-
lides. Au maître-autel de l'Eglise de la petite ville de Galan, on
voit aussi deux statues estimées, au bas desquelles est gravé le
nom de D. Ferrère.

rapides progrès avaient laissé la science désarmée. Son père, recourant, pour conjurer le mal, à un moyen désespéré, plongea à plusieurs reprises ce débile enfant dans un bain d'eau froide et provoqua une crise heureuse qui tourna à l'affermissement de sa constitution.

Dès qu'il sut lire, l'enfant s'adonna à l'étude avec une passion que sa santé délicate ne put modérer. Tous les jours, il fallait livrer un nouvel assaut à cette studieuse intelligence. Son père dut même plier devant son opiniâtreté; Ferrère, se rappelant ces luttes de son enfance, aimait à répéter ce mot de sa mère : « Mon ami, disait-elle à son mari, il faudra faire un » avocat de cet enfant : il a toujours quelque bonne raison à donner. »

A huit ans, il commença ses études classiques à Tarbes, dans la maison des Pères de la Doctrine Chrétienne, « chez ces bons pères, dit-il, à la robe noire, » à la chambre sacrée, dont l'amitié et les caresses » étaient la plus haute récompense, qui avaient » leurs élèves pour enfants, et qu'à bon droit, dès-lors, » nous appelions *les Pères* (1). » Ses succès furent précoces ; sa supériorité incontestable découragea ses condisciples, qui se disaient entre eux : « Quant au » premier prix, nous n'y prétendons point, Ferrère est » en possession. » Il devait avoir, en effet, l'instinct du beau ; il devait avoir une âme ouverte à sentir les charmes de l'éloquence et de la poésie, l'enfant qui, dès l'âge de raison, se cachait pour lire, qui se passionnait, comme Racine à Port-Royal, pour ses auteurs chéris, et les apprenait par cœur ; qui, faute d'argent pour acheter le livre, copiait en entier, de sa main, le *Prœ-*

____

(1) *Maximes de l'honnête homme*, § 7, Education 9°.

dium rusticum du P. Vanière (1). Etranger aux jeux de son âge, recherchant la solitude et le recueillement pour rêver au bien et au vrai, Ferrère vécut en homme au milieu d'un peuple d'enfants. Cette disposition d'esprit, signe presque infaillible d'une haute raison et d'un fécond avenir, il la conserva jusqu'aux jours de ses plus éclatants triomphes ; s'il se dérida quelquefois dans de poétiques essais, ce fut, sans doute, pour assouplir son âpre nature.

Il termina ses études à l'Ecole royale et militaire de La Flèche, dirigée par le R. P. Corbin, son compatriote, qui avait été, à Tarbes, son plus habile professeur, et qui devint, quelques années après, par le choix de Louis XVI, précepteur du Dauphin. Durant deux années Ferrère s'y fortifia, sous cette savante direction, dans le commerce des auteurs anciens, qui sont le continuel aliment des âmes d'élite. « J'étudiai, avec amour,
» disait-il plus tard, cette belle langue du peuple-roi,
» supplice de l'enfance, flambeau de l'âge mur, charme
» du reste de la vie (2). »

En 1783, Ferrère vint à Bordeaux. Il chercha dans le travail des ressources qu'il ne voulait pas demander à sa famille dont il connaissait la gêne. Admis d'abord dans une institution publique, il se partagea entre les travaux du professorat et l'étude du droit ; il suivit les leçons de M. de Barennes, pour lequel il garda, ainsi que Lainé, une haute estime, et fréquenta les cours de l'Université d'où allaient sortir tant de disciples, que la gloire attendait au seuil de l'Ecole pour les conduire sur le théâtre des affaires publiques. Vers 1787, il entra,

(1) *Maximes*, T. X, Littérature, 2me partie, 8°.
(2) Plaidoyer inédit pour les héritiers Borie-Cambort contre Marguerite Lasserre.

en qualité de précepteur, dans la maison de M. de Groc, président à la Cour des Aides. Les jeunes enfants confiés à ses soins conçurent pour leur maître un attachement qui dura jusqu'à sa mort. Il profita du calme de sa nouvelle position pour méditer les lois, pour pénétrer les secrets du droit romain, cet antique dépôt de la raison humaine, pour cultiver les muses, pour apprendre sans guide, tant était remarquable l'aptitude de son esprit, — plusieurs langues étrangères (1); il demanda même quelques distractions à la musique, qui eut toujours pour lui un indéfinissable attrait.

Après avoir complété les études qui conviennent à un homme voué à l'exercice de la parole et à la science du droit, il entra au barreau. C'était au commencement de l'année 1790, la dernière année des parlements et de l'ancien barreau. Il avait alors vingt-trois ans, il était arrivé à cet âge, Messieurs, qui est un titre à l'indulgence et qui dispose à accueillir favorablement certaines témérités. Il reçut, à l'occasion de son premier plaidoyer, les félicitations des membres les plus distingués du Parlement ; et le procureur général Dudon (2) ressentit un vif intérêt pour ce jeune avocat que ses confrères avaient écouté avec surprise et que n'avait pu entendre, sans verser des larmes, le vénérable Guillaume Brochon, dont vingt-quatre ans après, sur une tombe entr'ouverte, Ferrère devait rappeler les éminentes vertus et la profonde érudition (3).

---

(1) Il s'attacha surtout à l'étude de la langue italienne, fit du Tasse sa lecture de prédilection, et se plaisait à réciter de mémoire les plus beaux passages des poètes.

(2) Mort sur l'échafaud, le 2 frimaire, an II, parce que, suivant les termes du jugement de condamnation, *ses talents le rendaient infiniment dangereux.*

(3) Voici les dernières paroles du discours de Ferrère : « Ce n'est pas un homme vulgaire que la mort vient de nous enlever;

Le temps ne lui fut pas accordé de connaître la scène sur laquelle sa parole s'était pour la première fois produite. La Révolution, se laissant entraîner aux excès qui souillent d'ordinaire les réactions trop absolues, vint arrêter brusquement la carrière du jeune orateur. L'expérience n'avait pas encore donné une trempe virile à son caractère : les élans de son cœur l'auraient trahi ; aussi s'éloigna-t-il du contact des hommes nouveaux, « qui s'étaient fait du revers de » toute raison une raison désorganisatrice, qui des prin- » cipes contraires à toute morale s'étaient fait une mo- » rale sacrilége (1). » Il quitta Bordeaux en 1792 et puisa dans le silence de trois ans, auquel il fut con- damné, le principal élément de sa future grandeur. Il se choisit une retraite dans les Pyrénées, où » il cla- » mait, suivant son langage pittoresque, les odes de » Rousseau, pour redonner du ton à son âme (2); » » se replongea dans Tacite, dont la phrase courte, » acérée, lui entrait au cœur comme un remords (3), » et infligeait à son âme des souffrances inconnues. Comme Mirabeau, au donjon de Vincennes, Ferrère, dans sa retraite se nourrit des œuvres du grand histo- rien, et lorsqu'il reparut à la barre, on put dire de lui ce qu'on a dit du célèbre tribun : » qu'il avait encore » entre les dents cette moëlle de lion (4) » Son esprit

il a passé sa vie à faire et à conseiller le bien... J'honore sa mé- moire comme celle du parfait modéle de la profession que j'exerce, et je ne me nomme que parce qu'il daigna guider mes premiers pas. » (Extrait de l'excellent ouvrage de **M.** Henri Chauvot, avocat, sur le barreau de Bordeaux, p. 67).

(1) Procès des héritiers Lemoine contre la veuve Dané, fem- me Toutin, nièce de Lacombe.

(2) *Maximes,* § 8, Littérature, 1re partie, 2º.

(3) *Maximes,* § 8, Littérature, 2e partie, 2º.

(4) Victor Hugo, *Etude sur Mirabeau.*

broya dans ces sombres journées, pour les répandre sur tous ses discours, des couleurs dont nul peintre n'a surpassé l'éclat. Il vécut ainsi, tressaillant à la nouvelle des malheurs de la patrie et méditant les philippiques violentes dont il devait écraser les vils despotes de ces temps désastreux, qui sont jetés comme un abîme entre deux mondes. Son style a conservé le cachet d'une tristesse précoce et d'un long isolement : on y retrouve quelque chose de la pureté du ciel, sous lequel il promena ses fortes pensées, de la majesté des montagnes, que mesura son regard.

Après les événements du 9 thermidor, qui ouvrirent les portes des cachots à tant de proscrits, Ferrère revint à Bordeaux. La sécurité n'était cependant pas complète : les excès de la veille faisaient craindre de nouveaux excès pour le lendemain. Toutefois, Ferrère poursuivit des flèches acérées de son éloquence « ces âmes cadavéreuses, » comme il les appelait, contre lesquelles, dans sa haine pour le crime, « il eût voulu lancer la vérité, comme le ciel lance la foudre (1). » Il parlait, du reste, admirablement le langage de cette époque, langage aux images hardies, aux idées exagérées comme le mal dans son horreur, comme le bien dans son énergie. Dès 1795, il commanda par sa parole le respect des lois, l'amour de l'ordre ; dans la défense des héritiers Lemoine contre cette nièce de Lacombe, » « qui avait levé sur la crainte d'une mort sanglante l'impôt de la terreur (2), » extorqué à un prêtre septuagénaire, il n'hésita pas, au péril de ses jours, à stigmatiser ces hommes, au regard oblique et féroce, qui se montraient, le front levé, dans le sanctuaire de

____

(1) Procès des héritiers Lemoine contre la nièce de Lacombe.
(2) *Ibid.*

la justice. Ils étaient venus pour contenir l'emporte-
ment de son indignation ; mais leur présence impie arracha de son âme soulevée des accents qui vous jette-
raient dans le trouble, si nous en réveillions les échos.

Déjà, dans l'affaire Dufourc, prêtant l'appui de son
ministère à une femme, poursuivie en adultère par son
mari, il avait retracé d'une main sûre l'histoire de la
législation. Lorsqu'il flétrissait de son dédain l'époux
violateur de la fidélité conjugale, en s'écriant « la
conscience de l'adultère est le poison de la vie, » il
inspirait néanmoins aux juges des doutes sérieux sur
les difficultés de la preuve en ces sortes de causes, et
représentait la situation de la femme prévenue avec
une prodigieuse hardiesse de style. Avec quelle autorité il s'était ménagé l'attention de ses auditeurs! « Je
» recommande aux citoyens qui m'écoutent, avait-il dit
» en commençant, le respect que se doit le peuple as-
» semblé. A Sparte, les jeunes vierges n'eurent long-
» temps d'autre voile que l'honnêteté publique. Que le
» peuple qui m'entoure imite les ancêtres de sa liberté.
» Que la majesté de ses regards voile l'affreuse nudité
» de ma cause, et que son maintien austère et recueilli
» repousse ou contienne ceux qui sont venus chercher
» dans cette enceinte un peu de cette joie indécente et
» grossière qui fait sa parure des vils détails de la cor-
» ruption et trahit la plaie honteuse de nos mœurs(1). »
Défenseur d'un sieur Felletin, il déploya à cette
même époque une autorité non moins grande pour
comprimer les cris outrageants de son adversaire (2),
qui avait gardé le cynisme des plus mauvais jours de la
Terreur. « Où en serions-nous, citoyens-juges, dit Fer-

(1) Morceau inédit.
(2) Limousin.

» rère, si l'audace du langage et le ton de la brutalité
» pouvaient un moment obtenir quelque crédit devant
» vous ? La majesté du prétoire peut-elle souffrir ces
» indignes provocations, et doit-on faire de ce sanc-
» tuaire la vile arène du pugilat ? Qu'elle disparaisse à
» jamais l'illusion de cette voix féroce, qui confond
» l'accent de l'équité avec les clameurs de la ven-
» geance, et qui parle de son innocence comme on
» dictait naguère un arrêt de mort (3). »

Ferrère ne se laissa point éblouir par ces éclairs
d'éloquence ; il voulut davantage et demanda de nou-
velles forces à l'étude des lois. Alors l'état indécis de
la législation rendait, s'il est possible, la connaissance
du droit plus indispensable et plus ardue. Le génie
créateur du Premier Consul n'avait pas encore choisi
les coopérateurs habiles à qui devait être confié le soin
de faire sortir l'ordre civil du chaos de la Révolution.
Le droit intermédiaire demeurait la loi vivante et devait attirer l'attention des jurisconsultes par les nombreuses transactions auxquelles il avait présidé ; le
droit coutumier, régulateur de la génération qui s'étei-
gnait, avait guidé les premières années de la génération
nouvelle : le droit canonique offrait un ensemble de
dispositions qu'aucun lien n'unissait à la législation
civile. A tous ces monuments manquait quelque chose :
au premier, un principe de durée ; au second, l'harmonie ; au dernier, la possibilité de l'application. Où
puiser la doctrine juridique, si ce n'est dans le droit
romain, législation par excellence, source intarissable de
lumières, émanation d'une Ville qui n'a pas cessé un
seul jour d'être le siège de l'universelle puissance ?

---

(3) Morceau inédit.

Ferrère l'avait ainsi compris, et il a laissé des témoignages peu connus, mais qui n'en sont pas moins respectables, de ses études de droit romain. L'horizon de nos aperçus sur cette partie de la législation s'est agrandi par la lecture de ses mémoires et principalement de son plaidoyer pour Laporte contre Gélibert, où il développe avec solidité de raisonnement et grande finesse d'analyse la théorie de ce droit sur l'action et sur son exercice.

Cette sérieuse méditation des lois anciennes assouplit son intelligence aux règles juridiques et lui permit d'étudier debout, à la barre des tribunaux, le Code Napoléon, qu'il interprèta presque en même temps qu'il le connût. L'érudition que révèlent ses écrits fut si vaste, que Guillaume Brochon, l'un des esprits les plus estimés de son temps, disait, au sujet de l'affaire Utermack, dans laquelle une doctrine de Furgole avait été fortement combattue par Ferrère, que sa consultation était « le » plus parfait ouvrage qui fût sorti tant de l'ancien » que du nouveau barreau de Bordeaux. »

Dès que le calme parut rétabli, les avocats avaient retrouvé leur nom, que personne n'avait songé à leur ravir ; leur place, qui était restée vide, et ces traditions généreuses, que vous conservez vous-mêmes, Messieurs, comme un depôt sacré confié à votre honneur.

A l'époque de cette réorganisation, l'on pouvait donc admirer déjà dans Ferrère un caractère mâle, les talents du jurisconsulte et les premiers élans de l'éloquence.

Sa renommée fut si rapide, qu'entré avec Lainé, en 1803, dans les conseils de la ville de Bordeaux, il fut désigné pour rédiger une adresse de félicitations au Premier Consul, dont le génie avait réparé les maux de la France.

La renaissance spontanée du barreau nécessitait la restauration de l'enseignement du droit. Les défenseurs ne présentaient pas assez de garanties, et il importait de leur donner un caractère officiel. Bordeaux fit aussitôt valoir auprès du gouvernement, par l'organe de Ferrère, les services qu'avait rendus son Université et ses titres à l'établissement d'une Ecole de droit dans la patrie de Montesquieu. Mais le décret du 21 septembre 1804 n'exauça pas ces espérances (1).

En 1810, lors du mariage de l'Empereur avec l'archiduchesse Marie-Louise, Ferrère fut encore chargé d'exprimer au Chef de l'Etat les sentiments de la ville de Bordeaux.

Il ne faudrait point augurer de là, Messieurs, une propension chez Ferrère vers la vie publique. En 1804, le général Noguès, son compatriote, avait reçu l'ordre de le faire nommer membre du Tribunat, en le recommandant aux électeurs du département des Hautes-Pyrénées. Napoléon désirait rapprocher de lui cet homme, dont la parole était une puissance, et qui semblait avoir sa place marquée dans les Conseils de l'Etat. Ferrère déclina cet honneur. Il avait répondu aux désirs de la population de Bordeaux en acceptant des fonctions municipales, parce qu'il pouvait se rendre utile à ses concitoyens sans s'éloigner du barreau. Lui demander davantage, c'eût été faire violence à ses goûts (2).

----

(1) Voir une partie de l'adresse de Ferrère, dans le *Barreau de Bordeaux*, par M. Chauvot, ouvrage déjà cité, p. 319 et 320.

(2) La grandeur de l'âme n'est pas tant tirer à mont et tirer avant comme sçavoir se renger et circonscrire : elle tient pour grand tout ce qui est assez; et montre sa haulteur, à aymer mieulx les choses moyennes, que les éminentes. Il n'est rien si beau et légitime que de faire bien l'homme et deuement (Montaigne, l. III, ch. XIII).

Au moment de la réorganisation officielle de l'ordre des avocats, en août 1810, il fut désigné par le procureur général pour faire partie du Conseil de discipline. Ce choix était toute une récompense. Ferrère s'était montré singulièrement jaloux de conserver intacte la réputation du barreau qui avait préparé par la dignité de ses actes sa restauration définitive. De concert avec quelques-uns de ses confrères, il avait en 1806 proposé aux avocats assemblés « de ne plus ni consulter, ni arbitrer, ni plaider » avec un défenseur officieux, qui avait essayé de surprendre à un client une somme destinée, dans ses perfides avis, à corrompre un magistrat. — Ferrère avait aussi flétri de son indignation les avocats qui souillent leur toge en n'écoutant que les suggestions de l'intérêt dans l'exercice de leur profession. — Il s'était élevé avec force contre ceux qui oublient la modération et les convenances pour servir les passions de leurs clients, au lieu de s'adresser à l'esprit des juges.

Ces sentiments sont bien naturels chez un homme qui continua dans l'âge mûr les goûts de sa jeunesse ; qui, si heureusement guidé par la droiture de son cœur, demandait encore des inspirations aux maîtres de l'éloquence et de la vertu.

Et, à cette occasion, Messieurs, nous sommes amené, par une des nécessités de notre sujet, à vous parler des sociétés académiques, dont Ferrère fut un des membres les plus distingués et les plus assidus. Sa vie s'étant partagée entre les travaux du barreau et les études littéraires, nous devons vous introduire un instant dans ces réunions, où brilla l'un des côtés les plus séduisants de son esprit.

A sa sortie de l'Université, il avait cherché le développement de ses forces dans ces assemblées de jeunes hommes, où d'innocentes rivalités excitent le talent et le mettent en relief. Les sociétés littéraires étaient alors très-nombreuses et plus suivies que de nos jours, surtout par les jeunes avocats, qui comprenaient que la science du droit n'avait qu'à gagner au commerce des lettres. Les ancêtres de notre ordre, fidèles observateurs des règles d'Aristote, étaient dans l'usage d'écrire leurs plaidoyers : loin d'être accueillies avec froideur, comme aujourd'hui, où l'improvisation est presque exclusivement en honneur, les compositions écrites étaient écoutées avec une sérieuse attention. L'avocat donnait, du reste, à la lecture de ses plaidoyers l'attrait de la parole spontanément créée, et tout en imprimant à son style une forme correcte, il conservait à sa parole les allures de l'improvisation. Il y avait même une sorte d'étiquette dans cette traditionnelle préparation des dis_ cussions juridiques : un exorde devait précéder l'exposé des faits ; une péroraison châtiée couronnait le dis- cours. Ferrère avait retiré de ses études classiques le goût et l'habitude de ces divisions, et il en appré- ciait si bien la valeur, qu'un jour, entendant Ravez commencer un plaidoyer par une date, il disait à l'un de ses jeunes confrères : « Mon ami, je vois avec regret » que nous ne serons bientôt plus que des référendaires »

La société la plus renommée du temps avait été fondée en 1782 par trois jurisconsultes (1) : on l'appelait *la Société du Musée.* Elle était ouverte à toute personne d'une réputation intacte, connue par son penchant pour les lettres. Ferrère y trouva sa place, à côté de Vergniaud, « l'Aigle de la Gironde ; » de Dupaty, qui employa les forces vives de son intelligence à signaler les vices de la législation criminelle, d'un professeur d'éloquence

____

(1) Duranteau père, Saige et Lisleferme.

au collége de Guyenne, Raymond-Dominique Ferlus,
dont le nom rappelle une Ecole qui nous est chère à
d'autres titres que son immense célébrité.

Initié sous le toit paternel au sentiment des beaux
arts, Ferrère, que son âme vraiment méridionale portait
à l'enthousiasme, sut donner à ses productions un tour
élégant, une expression fine et originale. Quelques-unes
des œuvres de sa jeunesse ont été conservées. On est
étonné d'abord que ce grave esprit soit descendu dans
ses délassements poètiques à de frivoles compositions ;
mais ces œuvres doivent être considérées comme les
efforts d'une intelligence qui voulut développer sous
toutes les formes le talent d'écrire, ce précieux auxi-
liaire du talent de parler. Est-on d'ailleurs en droit de
reprocher ces moments d'abandon à un homme que la
joie visita rarement, et qui allait traverser de lamenta-
bles épreuves ?

Interrompues pendant la Révolution, les sociétés
littéraires, ces délassements des esprits cultivés, se
rouvrirent aux premiers jours de calme.

Ferrère avait organisé un *Comité* qui s'assemblait
chez lui le samedi de chaque semaine ; ce comité contrastait noblement par son grave maintien avec tous
ceux de l'époque. Lainé, Péry, de Saget, de Peyronnet,
en étaient les principaux membres. On y faisait des
lectures d'auteurs anciens et modernes ; ou y jugeait
les ouvrages nouveaux ; on y commentait les chefs-
d'œuvre de la littérature. C'est à ce comité que Ferrère
soumit, en 1810, ses *Maximes de l'honnête homme*. Le
rigide avocat avait senti le besoin d'échapper « au tour-
ment du doute, si cruel aux âmes pures, » et il avait
écrit ses maximes, que la bienveillance d'un confrère

(1) nous a permis de méditer. Ferrère y a déposé, sous une forme hardie et condensée, avec une élévation de pensée qui tient du génie, ses idées sur la Religion, sur Dieu, sur l'âme, la révélation, la morale, la politique générale, le gouvernement, l'éducation, la littérature. Son intelligence s'y présente, éclairée de la lumière qui vivifie ses plaidoyers.

Il offrit à ce même comité, sous une forme poétique sa profession de foi, dont nous détachons quelques lignes :

> Je crois à Dieu ; je crois aux peines,
> Aux récompenses à venir.
> . . . .
> . . . .
> Je crois à mon âme immortelle :
> L'être simple ne peut mourir.
> Je crois au goût du bien, que mon Dieu mit en elle :
> Je le sens : c'est assez, et j'y dois obéir.

De Martignac avait aussi fondé une autre société, dite *Société des amateurs de la poésie.* Emérigon, de Peyronnet, Ferrère y prirent le premier rang. Ils s'exercèrent à improviser des vers sur des mots pris au hasard au fond d'une urne. Le mot *crépuscule* inspira un jour à Ferrère quelques stances, écho de la mélancolie de ses pensées :

> Vois ces vallons que la nuit décolore,
> Faible mortel, et songe à tes malheurs.
> Ils reprendront, au lever de l'aurore,
> Leurs doux parfums et leurs riches couleurs.
> Après l'hiver, la rose printanière
> Refleurira — Mais toi, fils de l'orgueil,
> Plus de printemps pour ta froide poussière;
> Plus de matin dans la nuit du cercueil.

---

(1) M. Jules Guimard, avocat près la Cour impériale de Bordeaux, ancien bâtonnier.

D'autres compositions poètiques ont été conservées dans les annales de cette société et dans le recueil des poèsies de Ferrère, dû aux soins de Peyronnet ; toutes cachent, sous des images parfois riantes, des pensées graves et fortes.

. . . .

. . . .

Mais cette intervention dans les affaires de la cité, ces soins administratifs du barreau, ces goûts littéraires n'ont pas assurèment une importance exceptionnelle. Mille ont eu une vie semblable, sans que la célébrité soit restée à leurs noms. Ce n'est pas là ce qui a fait la gloire de Ferrère. Ce genre de mérite ne suffit pas pour bâtir une renommée, pour obtenir de son vivant, dans une ville, dans deux provinces, la considération publique, pour laisser à sa mémoire une vénération dont l'unanimité nous a ému. Il faut donc chercher ailleurs, dans une région plus élevée, les titres de Ferrère. C'est la partie la plus importante de notre tâche, et sur laquelle nous attirons particulièrement votre attention.

Avant de se charger d'une cause, Ferrère s'en faisait le juge scrupuleux. Pour l'accepter, il fallait qu'il eût épuisé tous les moyens de rapprochement entre les parties ; aussi termina-t-il par la conciliation plus de différends qu'il n'en porta à la barre. Rien ne l'affectait plus vivement que les discordes privées, et il fit souvent céder le droit pour ne pas compromettre la paix des familles. Ce que l'on doit être toujours prêt à défendre, c'est la vie, la liberté des citoyens : les intérêts de leur fortune, sans doute, mais encore faut-il que ces intérêts ne blessent point les lois de l'honneur. Ce fut la ligne de conduite dont Ferrère ne s'écarta jamais. Dans bien des cas, il refusa énergiquement le concours

de son ministère, et son refus était encore une leçon :
il voulait que son éloquence fût un port pour la justice,
non un refuge pour l'iniquité : *Portum illum eloquentiæ
suæ salutarem, non etiam piratis patefacit* (1).

Dans le procès des héritiers Lemoine contre la nièce
de Lacombe, Emérigon, cet avocat dont l'œil vif et
scintillant laissait percer toute la malignité de son esprit,
avait eu le tort d'accepter la défense de Jeanne Toutin
sans se demander quelle était la moralité de la cause.
Aux éclats de la foudre de Ferrère, il laissa tomber le
dossier de ses mains et le renvoya sur-le-champ à
celui qui le lui avait confié : « Après avoir entendu
Ferrère, lui écrivait-il, vous comprendrez comme moi
qu'il faudrait beaucoup de temps et de travail pour lui
répondre. » Incident qui témoigne de l'empire de la
vertu, et dont le Palais de Bordeaux a gardé le souvenir.

Un des disciples de Ferrère (2), qui l'a longtemps
suivi dans sa carrière d'avocat, a fait connaître sa
manière de travailler. Ce disciple écrivait en 1842 à un
membre distingué du barreau Bordelais (3) : « le lende-
» main du jour où une cause avait été fixée à huitaine,
» Ferrère ouvrait de nouveau le dossier de l'affaire : il
» faisait ses notes de faits, si déjà quelqu'un de nous
» ne lui avait épargné ce soin ; puis il recueillait les
» autorités. Le grand travail commençait ensuite et se
» manifestait par le changement de son humeur qui
» s'assombrissait : son langage devenait bref et sec. A
» table même, le travail se continuait, et nous nous

(1) Quintilien, *Inst. orat.*, XII, 7.
(2) **M. Raffet**, ancien juge au Tribunal de première instance
de Bordeaux.
(3) M. Princeteau.

» interdisions les causeries avec lui. Je disais à mon
» voisin : « Philippe plaide. » Après un jour ou deux,
» le front de cet excellent homme s'épanouissait : notre
» maître redevenait gai et communicatif. Il s'enfermait
» alors dans sa chambre à coucher, garnie de livres
» comme son cabinet, et il écrivait ses magnifiques
» plaidoyers, tels que nous les avons aujourd'hui, sans
» autre interruption que celle des repas et d'un court
» sommeil. »

On peut conclure de cette habitude que Ferrère ne
pouvait se laisser aller à suivre le plan de ses adversaires ; il connaissait trop d'ailleurs le prix que retire
l'orateur d'un plan qui lui est propre, d'une division qui
lui appartient. Il regardait dans le plan qu'il s'était tracé
la réfutation des arguments contraires, comme l'acces-
soire de sa plaidoirie. Après avoir réduit ses moyens à
un petit nombre de propositions, agencées selon les
besoins de la cause, il distribuait les objections dans
les diverses parties de son travail, et les renversait en
passant, faisant considérer leur réfutation comme la
conséquence nécessaire des principes qu'il venait d'éta-
blir : méthode qui, en plaçant au second rang l'argu-
mentation opposée, grave profondément dans l'esprit
des juges les raisonnements qui la combattent, et subs-
titue à un ordre funeste d'idées un habile système de
moyens, dont l'enchaînement et l'ensemble peuvent
assurer le succès (1).

C'est surtout dans l'exposition des faits que Ferrère
excelle : sa narration claire, frappante, solennelle, admirablement disposée, a tout l'intérêt d'un drame.

---

(1) Ferrère expose plus particulièrement ce procédé de com-
position au commencement de sa réplique contre Souverbie.

Il se contentait de simples notes dans les affaires de courte et facile discussion ; il écrivait froidement dans celles de droit ou de pure démonstration : dans les grandes causes qui remuaient son cœur, ou qui parlaient à son imagination, il n'écrivait pas, il burinait sa pensée, comme le veut le rhéteur : « *Dicet scripta, dicet et* » *sculpta, si continget* (1). »

On a peine à croire que ses plus beaux mouvements d'éloquence, que ses récits émouvants et pathétiques aient été préparés dans le silence du cabinet, tant ils paraissent l'explosion des inspirations de l'audience ; mais ce grand maître de la parole trouvait dans l'ardeur de son âme un équivalent aux excitations de la lutte, et employait à contenir l'abondance de ses idées les efforts qu'un esprit ordinaire consacre à les faire naître. Sa rédaction, du reste, était rapide comme la pensée, sûre comme la parole. L'un de nos confrères (2) de Bordeaux, qui a recueilli de précieux extraits de Ferrère, nous disait même qu'il n'avait remarqué ni rature, ni renvoi dans ses pages manuscrites.

Nous avons pu étudier son style aux diverses phases de sa carrière ; car nous possédons vingt-trois de ses plaidoyers, soit entiers, soit par fragments. On remarque entre ses discours une différence sensible. Tous sont éclatants de beautés de premier ordre ; mais dans les discours de sa jeunesse, il insiste trop sur le développement de sa pensée, il la présente sous des formes trop multiples et l'étouffe quelquefois sous la profusion des ornements. Dans les derniers, au contraire, son style s'est épuré et se rapproche davantage du ton

---

(1) Quintilien, *Inst. orat.*, XII, 9.
(2) M. Guimard.

naturel : à l'emphase a succédé une pompe qui n'a rien d'affecté ; à la recherche des effets oratoires, un coloris sans fard. Ferrère avait une intelligence saine, qui lui permettait de discerner ses défauts et de s'en corriger. Il dut à la lecture attentive de Virgile de perdre insensiblement tout ce que son style avait d'exagéré. « Le » naturel exquis de ce poète de l'aurore des arts, dit-il, » dans ses *Maximes*, qui s'allia merveilleusement avec » l'aurore de ma vie, m'a guéri de l'emphase, du non- » sens, du vide, des mots sonores, fruit de mon éduca- » tion provinciale et de l'époque où j'ai vécu (1). » Si l'on oppose ses plaidoyers pour la dame Dufoure et pour les héritiers Lemoine, par exemple, à ceux qu'il prononça pour Vital et pour Roy d'Angeac, on est forcé de reconnaître dans ceux-ci un style plus pur, une chaleur plus contenue et moins saccadée, une majesté

---

(1) *Maximes*, § 8, Littérature, 2ᵉ partie, 3°. — On lit dans ce même paragraphe plusieurs appréciations sur les plus grands écrivains. Voici les principales :

« Cicéron, — le plus grand des écrivains et peut-être des hommes ! Quelle vie et quelle mort ! Et puis, celui-là a bien su trouver Dieu, l'âme immortelle, les peines et les récompenses à venir. Il écrivit de la même plume les *Offices* et l'oraison *pour Ligarius*. Vertu et génie ! Premier des humains !

» Tacite, — il m'abat, il m'écrase ; il me fait haïr les autres et moi-même..... S'il a toujours raison, qu'est-ce que l'homme ? Et pourtant il semble avoir retrouvé de la confiance pour peindre Agricola et les Germains. Peut-être ne voyait-il là qu'un lumineux contraste propre à faire mieux ressortir encore la sombre horreur du tableau de l'humanité !

» Pascal, — il me fait rire comme Molière, il m'épouvante comme Tacite.

» Bossuet, — c'est Cicéron, mais Cicéron chrétien.

» Fénélon, — onctueux et aimable comme la vertu ; mou et faible comme la bonté ! Ange d'amour qui se fit homme, et qui parla la langue du ciel. — Chose étrange, il fut à vingt ans ce qu'il se montra toute sa vie. »

Nous regrettons de ne pouvoir continuer ces citations d'un ouvrage complètement inédit.

plus sévère. Nous n'aurions voulu, à aucun prix, dissimuler les taches de ses plaidoyers ; mais ne devons-nous pas dire que l'envie les a exagérées, et que, dans son appréciation, la critique s'est égarée, comme elle s'égara autrefois, en reprochant à Cicéron un style asiatique et diffus ?

Après la consciencieuse préparation de ses plaidoiries, il paraissait enfin à la barre ; il y rencontrait ses émules :

Dénucé, chez qui l'élégance du style et la science des lois tenaient lieu des qualités de l'orateur ;

De Martignac, l'un de ses meilleurs amis, dont l'imagination variée, l'ingénieux talent et le goût exquis faisaient de la parole une séduction ;

Lainé, à l'âme altière, au cœur droit et intègre, à l'éloquence entraînante et souveraine ;

Ravez, le premier logicien du barreau, qui devait occuper le siège de Montesquieu ; l'homme d'Etat, qui, plus tard, fut appelé huit fois à l'honneur de présider nos assemblées législatives ; **Ravez**, dont le nom, Messieurs, se confond dans votre esprit avec celui du confrère qui, dans une semblable solennité, vous a retracé sa vie avec un talent si délicat (1).

Qui eût vu Ferrère hors de l'audience ne l'eût pas reconnu à la barre. Sa présence excitait une sensation générale. Lorsqu'il parlait, il prononçait péniblement les premiers mots. Il y avait en lui comme une transition de la pensée à l'expression. On eût dit d'abord qu'il

____

(1) Me L. Féral.

ne parlait pas, mais qu'il cherchait à s'arracher à la méditation. Bientôt il donnait l'élan, la vie à toutes ses paroles, maîtrisant, dès le début, l'émotion qui l'agitait : car il ne se laissa jamais emporter au-delà du but vers lequel devaient porter ses coups. C'est alors que sa grande taille, qu'il redressait, se dessinait sous les ondulations de sa toge ; sa pose, naturellement mélancolique, s'échauffait par degrés ; son œil terne étincelait et forçait la fraude à rougir ; son visage, dont les traits avaient peu de finesse, s'illuminait de la la lumière que projette une conscience pure ; son geste était celui du commandement ; sa voix perdait ce qu'elle avait d'inculte et se produisait avec une énergie qui entraînait les convictions ; toute l'attitude de cet homme avait quelque chose de surnaturel : il remplissait l'enceinte de la justice, au point de faire croire qu'il ne comparaissait pas devant un tribunal, mais que l'on comparaissait devant lui.

Il déroulait les richesses de la pensée avec une puissante vigueur de création, signe évident d'une intelligence prompte et élevée, que servaient alors ses immenses lectures. Tantôt, entraînant par la force de la parole, il soumettait l'esprit au sentiment ; tantôt, quoique plus rarement, l'enchaînement de sa profonde dialectique commandait à la raison. Au besoin, il dédaignait les figures hardies qui sont le trait caractéristique de son éloquence. S'attachant au raisonnement, il appréciait le texte de la loi, en pesait les dispositions, les motifs, les commentaires, avec l'impartialité qui vient de la force. Il recherchait les contrastes, le choc des mots et des idées ; c'était le principal levier avec lequel il soulevait son auditoire.

Sa mémoire enchaînait les rapports les plus éloignés.

Évoquant les souvenirs de l'histoire, il y puisait de sublimes enseignements, et faisait de chacun de ses plaidoyers une leçon de morale et de haute législation.

Par sa vaste érudition, son talent nerveux, sa phrase brûlante et imagée, il provoquait des élans d'enthousiasme et des larmes. Il disposait, à son gré, de ces auditeurs et du cœur de ses juges, excitait en eux tour-à-tour l'admiration, le mépris, la joie, la douleur. Il disposait souvent de leur raison ; mais qu'elle était sage la voie dans laquelle il les conduisait ! Il disposa même des volontés de ses adversaires : il les saisissait, il les enveloppait dans les replis d'une logique inexorable, les attaquant de toutes parts pour devenir invulnérable. Comme tous les hommes supérieurs, il se jouait des difficultés. Là où existaient des préventions hostilles, son talent se créait des admirateurs.

Poète et philosophe, il allait du cœur à l'esprit avec une rapidité connue de lui seul. Il était maître de ses passions comme de celles des autres ; il les confondait ; et, malgré le feu intérieur qui de son cœur se propageait au-dehors, il ne permettait à la passion d'éclater que lorsqu'il en avait donné le signal. La vérité l'oppressait comme un remords ; « il faisait pleurer et frémir ; » mais on sentait que le poids de l'indignation et de la » douleur pesait aussi sur sa poitrine, et qu'il se débat- » tait lui-même sous l'étreinte d'une émotion terrible (1). » A un moment donné partait un cri que l'on croyait venir d'en haut, et qui dominait toutes ces paroles, comme pour faire tressaillir les âmes après les avoir émues. Son éloquence avait une onction si intime, si

____

(1) M. Boinvilliers, *Principes et morceaux choisis d'éloquence judiciaire,* p. 463.

profondément sentie, que, le voulant, on ne pouvait se soustraire à son ascendant. On s'indignait, on se calmait avec lui.

Presque toutes ses répliques sont des chefs-d'œuvre. Il semble que lorsque cet homme a scruté les dernières profondeurs de son sujet et qu'il est arrivé à un degré d'émotion que nul ne peut dépasser, il semble, disons-nous, qu'il ne soit donné à personne de s'exprimer plus fortement qu'il ne s'exprime. Il ne recherche pas les ornements pour produire de grands effets oratoires. Tout ce qui émeut dans ses discours émane directement du cœur. Il ne tend que vers les beautés inaccessibles aux sens, que la pensée, l'âme seule peuvent saisir.

On nous accusera peut-être de manquer de mesure dans notre appréciation de Ferrère et d'employer à tort des termes qui devraient être réservés aux Démosthène et aux Bossuet. Pour prendre rang parmi ces dieux de l'éloquence, *ordinibus adscribi deorum* (1), il n'a manqué à Ferrère qu'un plus grand théâtre. C'est notre intime conviction, Messieurs. Nous en appelons au jugement de tous ceux qui ont lu ses plaidoyers. Pour nous, à qui il a été donné de pénétrer dans les trésors cachés de son éloquence, nous avons été frappé de l'éclat de la vérité, qu'il rapproche parfois tellement qu'elle nous éblouit.

Nous avons hâte de justifier nos paroles par des exemples.

Nous devons à l'obligeance de deux avocats (2) du barreau de Bordeaux la communication de la plupart de ses plaidoiries, connues seulement de quelques rares

----

(1) Horace, liv. III, ode 3.
(2) MM. Guimard et Chauvot.

privilégiés (1). Les discours inédits nous ont paru non moins remarquables que ceux qui ont été publiés ; et bien que les collecteurs aient donné une assez large part aux travaux de Ferrère, nous ne pouvons nous empêcher de les accuser de parcimonie (2). Aussi est-ce un devoir pour nous de remercier les deux aimables confrères du barreau de Bordeaux de la bienveillance qu'ils nous ont témoignée, et qui s'adresse moins à notre personne qu'à notre titre de membre du barreau de Toulouse.

Plaidant pour Jones contre Baudœuf, Ferrère, entre autres tableaux, nous dépeint en termes énergiques les maux qu'enfante la cupidité et les terreurs du criminel.

Dans son discours pour Beaupoil de Sainte-Aulaire contre de Bellot, il trace le cadre des juridictions et de la hiérarchie judiciaire.

De quel art il fait preuve lorsqu'il prête l'appui de sa parole au marquis de Saint-Pé contre le marquis de Bologne !

Avocat de Coudol contre Cazeaux, il expose avec une remarquable sûreté d'analyse la théorie des successions.

Il esquisse en traits de feu, dans un mémoire rédigé en faveur du sieur Bapst, les fallacieuses promesses du crédit imaginaire.

Parlant pour Bergé contre une veuve Castaing, il

---

(1) Nous nous reprochons de ne donner que des fragments des plus beaux plaidoyers inédits de Ferrère ; une édition complète de ses œuvres serait un hommage digne de sa mémoire.

Il a paru, en 1863, dans les Hautes-Pyrénées, un opuscule non daté, qui rappelle, sans indiquer la source, certains faits découverts par nous et restés inconnus des amis mêmes de Ferrère jusqu'à notre discours de 1856. Nous nous bornons à le constater.

(2) Voyez *Annales du barreau français.* t. XIV.

développe l'interprétation des clauses contractuelles et apprécie la situation faite par la loi aux enfants naturels.

Devant la Cour prévôtale d'Agen, défendant, sous l'accusation de contrebande, la dame Le Roux de Preussaye, née Bouscalin, il rappelle à deux magistrats (1) les plus doux souvenirs et prédispose ceux qui l'entourent à former autour de sa cliente « une vaillante » conjuration de cœurs bienfaisants et sensibles. »

Avec quelle force il s'élève contre les prejugés dans le procès Boyer-Laverderie! Avec quel sentiment il parle de l'affection maternelle! Qu'elle dut être excellente la mère qui lui donna une si douce et si forte idée de son amour! « Le cœur d'une mère, dit-il, ce » chef-d'œuvre de la sensibilité, l'instinct de la nature » qui rapproche tous les êtres formés du même sang, » portés dans les mêmes entrailles ; ce lien sacré, cette » douce sympathie ne sont point les fruits d'une réflexion » pénible, d'un intérêt calculateur. Comme ces senti- » ments précèdent le développement de la vie, comme » ils en sont le charme et la consolation, au milieu des » évènements qui agitent l'inquiète et flatteuse existence, » ils sont indépendants des caprices de la fortune, de » l'incertitude des destinées qu'ils embrassent. Bien » différent d'un autre sentiment capricieux et versatile.

____

(1) M. Desmirail, président, et M. Buhan qui occupait le siège du ministère public. — Après un exorde remarquable, il dit :

« .... J'étais impatient de revoir le respectable chef qui » préside cette Cour, lui qui daigna jadis encourager ma fai- » blesse, et qui, au défaut du talent, fit germer du moins dans » mon cœur l'éternelle reconnaissance ; lui qui semble avoir » été choisi pour tempérer par ses mœurs douces et conciliantes » la rigueur de ces fonctions ; de ces fonctions où la loi, plus » sévère que la Providence, l'oblige à réprimer et à punir des » crimes pour lesquels (et on l'avoue) le ciel n'a créé ni la honte » ni le remords..... (la contrebande). »

« Et vous que je n'ai jamais cessé d'honorer comme mon » modèle et mon maître, et que j'appelai longtemps d'un nom

» ils s'affermissent par l'habitude, ils vivent de leurs
» jouissances, ils s'alimentent de leurs plaisirs; et,
» comme dans les infortunes domestiques, ils consolent
» les douleurs particulières, dans les grandes calamités
» politiques, c'est à ces nœuds sacrés, à ces affections
» inaltérables, que la nature rattache les destinées des
» empires et les anneaux ébranlés de la famille so-
» ciale (1). »

Dans beaucoup d'autres causes, il a déposé les richesses de son érudition et de son cœur.

C'est surtout lorsqu'il luttait contre un émule digne de lui que toutes ses qualités étaient en lumière.

Il se trouva fréquemment aux prises avec de Martignac, qui s'honorait de l'avoir pour modèle et pour conseiller. Les luttes entre ces deux orateurs étaient recherchées. Les amis couraient chez les amis; on se prévenait, on s'attirait au palais. A l'ampleur des développements, de Martignac opposait la vivacité de la conception; au regard d'aigle de Ferrère, qui embrassait l'ensemble du sujet, un œil d'une perspicacité qui distinguait d'insaisissables nuances. Tous deux étaient doués de la même facilité d'élocution, du même art à trouver le mot; mais chez l'un, l'éloquence se traduisait en tours heureux et en style animé; chez l'autre, en majesté expansive qui ravissait. On eût dit que de Mar-

---

» plus doux, vous que je retrouve, après tant d'années, vain-
» queur du temps qui altère tout, et de cette longue épreuve des
» hommes qui nous rebute, — je vous apporte aussi mon hom-
» mage; je vous revois pénétrant comme la Providence du ciel
» quand elle examine; inflexible comme la justice, quand elle
» punit; et j'admire, avec une sorte de terreur involontaire, ce
» courage de tous les jours qui vous fait immoler vos goûts, vos
» sentiments, tout vous-même sur l'autel des lois. » Plaidoyer
» inédit.)

(1) Morceau inédit.

tignac écrivait une lettre aux idées choisies et aimables, Ferrère, des pages destinées aux générations à venir.

Les vrais émules de Ferrère furent Lainé et Ravez. Lainé fut peut-être le plus redoutable, parce qu'il s'était nourri, comme Ferrère, de la sève de l'antiquité. Lainé était sorti froid de cette étude, mais plus mesuré ; Ferrère y avait réchauffé son imagination ; il y avait pris de la véhémence et de la solennité. Lainé était plus éblouissant, quoique moins ami des formes ; Ferrère avait un plus grand empire sur les passions. Lainé avait plus d'art, Ferrère plus d'harmonie. Lainé était orateur par la maturité de la pensée, Ferrère par la trempe de son génie, par la tendance même de sa vie, parce qu'il ne pouvait être sans être éloquent : l'étude, la méditation, les évènements n'avaient fait que développer un germe existant. L'un était était éloquent par effort, l'autre par nature. Ces deux hommes se trouvèrent en présence dans un procès qui a été pour eux le sujet de deux immortels discours. Lainé s'y montra à la hauteur de sa réputation ; il se surpassa même dans l'exposé des faits.

C'était à l'occasion de la mort d'une dame Lamorine, née Betzy-Démontis. Son père avait cédé à rente viagère tous ses biens à son gendre, au sieur Lamorine, qu'elle eut l'imprudence d'instituer légataire universel de sa fortune, dans un testament *qu'elle avait signé de son sang*. Toutes ces dispositions étaient conclues, lorsque, le mardi, 12 janvier 1808, à sept heures du matin, après avoir attendu toute la nuit son mari absent, elle tomba à l'instant où celui-ci rentrait frappée d'un coup de feu. Le mari, accusé de ce crime et cité devant le jury d'accusation, avait pris la fuite. Mis hors de poursuite par une décision de non-lieu, il avait reparu.

Le tribunal d'Angoulême avait annulé l'acte de vente et le testament, sur la demande du sieur Roy d'Angeac, tuteur de la dame Démontis mère, atteinte de démence : vainement le sieur Lamorine s'était porté opposant au jugement d'interdiction, prononcé contre sa belle-mère, et avait réclamé « la destruction des mémoires » produits contre lui devant le jury. Sur l'appel, Lamorine parait devant la Cour de Bordeaux, assisté de Lainé, et Roy d'Angeac, assisté de Ferrère. Cette cause est, sans contredit, la cause la plus émouvante à laquelle ces deux orateurs aient attaché leurs noms.

Ferrère y fut tel que nous l'avons dépeint : il ne craignit pas d'attaquer l'institution du jury d'accusation, et fut conduit, par le doute mystérieux qui enveloppait ce procès, à faire naître de profondes impressions. L'exorde, tableau magistral de la cause, révèle le sentiment de l'avocat sur cette affaire, et son dédain pour les vils calomniateurs qui avaient essayé d'insulter en lui, même l'éloquence.

« S'il était vrai, comme on l'a prétendu, *que le goût*
» *d'une fausse éloquence nous eût donné le besoin de tour-*
» *menter les âmes par de tragiques émotions,* jamais, sans
» doute, ce goût dépravé, ce besoin, né d'une organisa-
» tion malheureuse, n'eût pu mieux être satisfait ; mais,
» en nous acquittant de nos devoirs, évitons le reproche
» de servir les passions. Sans doute, quelque émotion
» viendra se mêler à notre langage ; car qui peut peindre
» l'humanité si malheureuse d'une part, et si barbare
» de l'autre, sans que son âme s'indigne et s'attendrisse,
» sans qu'il mêle quelque larme à ses couleurs ? »

La description des lieux, de la position du cadavre, y est rapportée avec une vérité qui épargne au lecteur tout effort d'intelligence ; les preuves y sont bien coordonnées, les personnages habilement mis en scène, la discussion juridique est savamment présentée.

La péroraison est la plus pathétique, la plus véhémente qu'il ait prononcée : « Enfin, dit-il, le mémoire » raconte que, le 11 février, jour où le jury vous permit » de reparaître, vous célébrâtes une indigne bacchanale » entre le tombeau de votre épouse et l'inconsolable » douleur des siens. Ah ! pourquoi n'est-ce pas là encore » une chimère ? Pourquoi n'est-il pas permis à ceux » dont j'exhale ici les douleurs, de considérer cette fête » barbare comme un rêve désastreux ? Providence éter- » nelle, quel spectacle te présentait alors cet étroit » espace de la terre où se réunissaient tant de con- » trastes ? Avec quelle indignation n'as-tu pas vu, dans » le sein d'un peuple civilisé, dans le court intervalle » de quelques pas, l'innocence sans garantie, la mort » sans vengeance, la tombe sans respect, l'impunité qui » triomphe, la démence qui sourit et la douleur qu'on » outrage ?

» Non, non, ce mémoire ne sera point supprimez : il » restera pour épouvanter l'avenir du récit de tant » d'attentats et pour en prévenir de semblables. Non, » le sieur Roy d'Angeac ne sera pas déclaré calomnia- » teur pour s'être acquitté du plus sacré des devoirs, » pour avoir raconté le désespoir d'une mère, privée » par un meurtre de son unique enfant. Sa plainte ne » sera pas étouffée. Que dis-je ? elle ne saurait l'être ; » c'est celle d'une mère ; et le ciel, oui, le ciel même » s'est chargé de peindre l'éclat et l'énergie de pareils » accents : elle se fera entendre sur les hauteurs, cette » voix lamentable, cette voix d'une mère, que rien ne

» peut consoler, parce que son enfant n'est plus. Elle
» vous poursuivra sans cesse, en vous criant : « *Qu'as-*
» *tu fait de ma fille, ton épouse? Qu'as-tu fait de celle*
» *que je t'avais donnée à chérir et à garder?* Elle a péri,
» me dis-tu ; mais qui a donné la mort, qui a lancé le
» coup, qui a poursuivi la vengeance? *Ah! malheu-*
» *reux! qu'as-tu fait de ton épouse!* » La pierre qui
» avait bu son sang était humide encore, et ton œil était
» sans larmes, ton cœur sans regret, ta main tendue
» vers sa dépouille! L'herbe des champs n'avait pas
» encore reverdi sur sa tombe, et tes révoltantes orgies
» venaient interrompre son sommeil de mort! — Pleure,
» si toutefois le ciel ne t'a pas refusé les larmes : pleure,
» mais garde toi de dire qu'on t'a flétri, proscrit, calom-
» nié. « *Ah! malheureux qu'as-tu fait de ton épouse!* »

La commotion produite par ces paroles fut telle que
Lainé parut un instant abattu : il ne fallut rien moins
que sa présence et sa réputation pour calmer les âmes.
La Cour elle-même électrisée se leva.

La conservation des mémoires était le principal objet
des efforts de Ferrère. Aussi dans sa réplique, où
percent la conscience de sa force et une sainte hardiesse, se plaint-il qu'on lui fait un reproche de son
énergie.

« Comment parler de sang-froid de ce qui sollicite si
» fortement toutes les puissances de notre âme, et faut-il
» donc me faire un crime d'avoir des entrailles pour
» l'infortune, des larmes pour la douleur, de l'indigna-
» tion et des cris contre la perversité?

. . . .

» Supprimez donc l'oraison de Démosthène, plaidant
» à des fins civiles contre Leucharie!

. . . .

» Supprimez l'invective du plus éloquent des Romains
» et peut-être des hommes contre un simple témoin,
» au procès de son ami, contre le misérable Vatinius !

. . . .

» Supprimez donc le plaidoyer de Cochin contre la
» dame Vendebergue !

. . . .

» Combien il me serait facile de multiplier ces sou-
» venirs ! Mais je parle à des magistrats, pour qui le
» ministère de la parole a précédé le sacerdoce de la
» justice ; et soit que j'élève mes regards, soit que je
» les promène à mes côtés, je sens que je n'ai pas besoin
» de défendre la noble prérogative de l'orateur et de
» justifier sa sainte énergie (1). »

Ferrère eut aussi à combattre dans Ravez un rude
adversaire. Comme le nom de Lainé, celui de Ravez est
entouré d'une auréole qui manque à Ferrère. L'homme
qui passa sa vie à la barre des tribunaux, qui ne se
produisit jamais sur les scènes animées de la vie publique, qui s'inclina toujours devant la gloire de ses
rivaux, qui appela Ravez *le prépondérant*, n'a pas pour
se grandir le piédestal de l'histoire. L'occasion de s'élever ne lui manqua pas. Il la négligea. Qui peut dire le
rang que l'histoire contemporaine lui assignerait si,
entraîné avec les hommes de son âge, avec Barnave,
avec Fonfrède, il fût monté à la tribune nationale ? Son
mérite est d'autant plus vrai que sa renommée s'est
étendue en dehors de toute action éclatante. Son
organisation devait le porter aux assemblées politiques.
Doué des qualités qui font le tribun, il eût aimé

____

(1) Morceau inédit.

sans doute à parler sur le Forum, sous les yeux du
peuple, bien qu'à Bordeaux, « terre à moitié romaine,
» un certain souffle de l'antiquité y animât les âmes
» et y enflât les paroles (1). » S'il est resté à la place
qu'il avait une fois choisie, s'il n'a pas envié une scène,
nous ne disons pas plus estimée (nulle ne surpasse à
nos yeux celle de la justice, et personne quoi qu'on
en dise, n'est trop éloquent pour plaider), nous devons,
Messieurs, nous réjouir du sacrifice qu'il a fait à sa
modestie et à son cœur. Moins célèbre, moins connu
que Lainé et Ravez, il est aussi grand, et si l'on en
doute, nous en appelons à une lecture attentive des
plaidoyers de ces illustres orateurs.

Ravez était plus savant que Ferrère ; mais il était
moins puissant sur un auditoire. Sa logique était plus
pressante, sa sensibilité moins exercée ; sa froide nature
contrastait avec la nature ardente de son rival.

Souvent en présence, ces deux émules se sont ren-
contrés particulièrement dans trois causes célèbres dont
nous devons parler.

Défendant contre Ravez les intérêts des héritiers
Borie-Cambort. Ferrère contesta à une femme, Marguerite Lasserre, le titre d'épouse légitime qu'elle revendi-
quait après la mort de son prétendu mari. Il semble que
dans cette cause il ait communiqué quelque chose de
sa chaleur à son adversaire. Ferrère fut admirable,
surtout dans la réplique ; sa voix sombre produisit,
dans sa seconde action, un merveilleux effet. Jamais il
n'usa aussi avantageusement des contrastes ; jamais on
n'exposa la théorie de la possession d'état avec plus de

____

(1) M. de Lamartine, *Histoire des Girondins*, l. IV, 1 (tome
1er, p. 245).

sûreté ; il salua la religion des plus nobles accents. Il développa sur le mariage des idées que ne peut oublier celui qui les a comprises et parla de d'Aguesseau, sa plus imposante autorité, avec une respectueuse vénération ; d'Aguesseau, dont le nom reproduisait à ses yeux la double image de la vertu et de la loi vivante ; « d'Aguesseau, qu'il ne se lassera pas de » citer, dit-il, jusqu'à ce qu'on réponde à ses arguments, » ou qu'on l'ait fait passer dans le camp de ses adver- » saires. »

Les deux athlètes luttèrent aussi devant la Cour d'Agen, dans le procès de la demoiselle Phélippeaux contre de Thémines. Philippine, ainsi que l'appelait Ferrère, avait été enlevée par le sieur de Thémines. A la suite d'obsessions, qui avaient été mises en œuvre pour surprendre à sa faiblesse une signature qu'elle croyait apposer, non sur un acte de mariage, mais sur un acte préparatoire révocable à volonté, elle s'était retirée dans un couvent. Malgré l'invincible antipathie qu'elle ressentait pour le sieur de Thémines, celui-ci n'en avait pas moins usé des plus odieux moyens pour se rendre maître de sa fortune. Ferrère raconte toutes les circonstances de la prétendue cérémonie du mariage ; il peint d'un côté la pudeur, la pureté des mœurs, de l'autre, les menées audacieuses de cet aventurier cupide, qui avait marché vers son but en foulant aux pieds les lois les plus saintes. Rien de plus touchant que ce récit. En entendant Ferrère raconter cette vie encore bien courte, mais rendue longue par la douleur, on se prend de sympathie pour cette jeune fille. La Cour d'Agen repoussa la demande en nullité du mariage ; la Cour de Cassation rejeta le pourvoi que préparèrent néanmoins Desèze, Bellart, Delamalle, et que Bonnet appuya de sa parole ; mais plus tard l'action en divorce devait être accueillie, et les liens, par lesquels le sieur de Thémines avait uni subrepticement la jeune Phélippeaux à sa destinée, furent rompus.

Ceux qui ont lu le plaidoyer de Ferrère se souviennent que dans la dernière partie il fait pressentir l'intérèt qu'il se proposait de prendre à l'avenir de la jeune Philippine.

« *Ma fille*, faible enfant que le malheur m'a donnée,
» ma tâche est remplie ! Ta défense est maintenant
» connue et tu vas respirer. Je te reçus des mains de
» l'infortune ; je te dépose dans celles de la justice.
» Lève les yeux, malheureux enfant ! Le jour du repos
» a lui pour toi : contemple ce tribunal auguste, désor-
» mais arbitre de ton sort ! Là sont les vertus et les
» talents qui vont te protéger ; de là va partir l'arrêt
» qui doit t'affranchir ; et si, dès ton premier pas dans la
» vie, tu n'as connu les hommes que par les excès qui
» les dégradent, le second, du moins, t'en aura fait
» retrouver qui honorent l'humanité. »

Cet enfant qu'il appelait *ma fille*, il l'unit à l'un des hommes les plus aimables de son temps, à de Martignac. Ferrère présida au contrat de mariage, et, en bon père, y introduisit toutes les précautions qui devaient garantir l'immense fortune de la jeune épouse contre les prodigalités de son mari. Ferrère avait été le guide de Martignac, le défenseur dévoué de la demoiselle Phélippeaux ; ne semblait-il pas appelé à faire leur mutuel bonheur, et la suite n'a-t-elle pas justifié l'excellence de ses vues ?

Ferrère eut encore à combattre son émule dans un procès qui attrista profondément son cœur. Vous n'en serez pas étonnés, Messieurs, si vous connaissez la sen-

sibilité de Ferrère, de Ferrère qui ne fut jamais indiffé-
rent au malheur, qui ne pouvait revoir sans émotion
les lieux où s'était écoulée son enfance, et qu'on surprit
un jour, immobile, en extase, dans un bourg de la
Bigorre, pleurant au souvenir des naïves jouissances de
son jeune âge. Quel assaut pour cette âme que le procès
Vital ! — Il accusait d'infidélité le père d'un ami intime
de Ravez. Il lui reprochait d'avoir dilapidé une fortune
dont la gestion lui avait été confiée, à titre de mandat,
par Vital, au moment où celui-ci disputait sa vie et
ses biens aux désastres de Saint-Domingue. Ravez crut
à l'animosité mal fondée de son confrère : il se laissa
aveugler par le sentiment de l'amitié, et les paroles de
son contradicteur firent couler une larme de son œil
d'airain. Il se rendit auprès de Ferrère, décidé à rompre
avec lui s'il persévérait dans cette voie. Ferrère inter-
rogea de nouveau sa conscience et celle de son client,
également désireux d'accorder satisfaction à son ami
et de demeurer fidèle à son devoir. Mais un nouvel
examen de la cause lui donna l'assurance qu'il était
dans la voie de la vérité, et dans sa réplique il le dit
aux magistrats avec une indépendance, une élévation,
une majesté qui sont inséparables de la paix de l'âme.
Lisez, Messieurs, lisez cette réplique : sentiments plus
nobles ne lutteront jamais dans un cœur plus droit.
Vous ne nous demanderez pas lequel des sentiments
triompha. Vital fut défendu, et Ravez demeura sourd
à cette éloquente adjuration de l'amitié :

« Qu'ai-je juré, dit Ferrère, comme vous tous, jadis
» mes compagnons, et aujourd'hi mes modèles ? De prêter
» ma voix au malheur, et l'on voudrait que mon cœur
» fût insensible ? De défendre la vérité, et l'on veut que
» je lui ôte ses armes ! De démasquer l'injustice, et
» l'on me fait presque un crime de la nommer !

» Ah ! je sens au-dedans de moi je ne sais quel ressort
» qui réagit avec violence. Souverbie, vous ne m'ôterez
» ni la conscience, ni le courage de mes devoirs : tant
» qu'il s'agira de parler pour l'infortune dépouillée, il
» sortira de ce cœur que vous avez blessé des accents
» qui ne seront pas sans énergie ; des voix qu'il vous
» est donner d'égaler, sans doute, de surpasser même,
» mais que vous n'étoufferez pas.

» Vous l'avez senti. Et, pour en éluder l'atteinte,
» Souverbie, vous avez semé la discorde, là où exista
» si longtemps l'amitié sainte, là où, quoi que vous
» puissiez faire, il restera d'impérissables souvenirs !

» Ainsi, dans cette carrière déjà si pénible où je
» marchais, tourmenté de mon insuffisance et malheu-
» reux de ma sensibilité, de nouveaux jours se lèvent
» pour moi ; jours nébuleux et sombres, où tout ce qui
» sortira de ma bouche va paraître équivoque, injurieux,
» offensant !

» Faibles et passagers que nous sommes, nous mêlons
» nos passions à nos débats vulgaires ; nous luttons avec
» acharnement dans cette étroite enceinte ; et, du haut
» de l'immortelle tribune, les dieux de l'éloquence,
» ayant le peuple-roi pour juge et le ciel pour abri, se
» disputaient les palmes du génie et vivaient unis.... »

Notre ordre, Messieurs, s'enorgueillit-il d'un témoi-
gnage plus éclatant de l'attachement au devoir ? Comment,
en écoutant un aussi beau langage, Ravez n'est-il pas
resté en admiration devant cette âme aimante et forte
qui reçut, dans cette circonstance, une blessure que le
temps ne put cicatriser !

Ferrère donna aussi un libre cours à sa sensibilité
dans le procès Plantey, le plus connu, et qui a le plus
contribué à sa renommée, bien qu'une étude attentive

porte à placer au premier rang le plaidoyer et la réplique pour Roy d'Angeac et la réplique pour Vital.

Au commencement de la Révolution, un prêtre, Marc Boisset, avait abusé des droits sacrés que lui donnait son ministère, pour séduire la fille du maire de Génissac. Il avait cru pouvoir rompre avec l'Église et s'unir en mariage avec la jeune enfant qu'il avait enlevée à sa famille. Ecrasé par la parole de Ferrère qui soutenait devant le tribunal de Bordeaux l'opposition du sieur et de la dame Plantey au mariage de leur fille, Marc Boisset n'osa reparaître à l'audience. « Prêtre » du Très-Haut, s'était écrié Ferrère, du moment que » ton union avec l'Eglise fut consommée, elle devint » irrévocable. Une chaine de fer te lie à l'autel ; ne dis » pas que tu l'as brisée, tu la traines avec toi, elle doit » te suivre dans la tombe, et tes serments te crient » qu'il n'y a pas pour toi de compagne sur la terre ; que » ton cœur ne doit vivre, brûler et mourir que pour ton » Dieu. » Et s'adressant à la fille Plantey, il lui dit : « Ma fille, c'est l'erreur de ton âge et de ton inex- » périence de croire qu'il est d'éternelles passions. Il » n'en est point que le temps n'use et ne dévore, et » jamais on n'en a vu brûler sous les glaces de l'âge.

» Regarde dans l'avenir cette femme malheureuse, » sur laquelle se sont rassemblées et les années et les » douleurs. La solitude est autour d'elle, c'est la femme » d'un prêtre : elle cherche vainement une main amie » pour essuyer ses larmes ; le rire désolant du mépris » repousse sa prière, l'outrage la poursuit, l'indigence » l'assiége ; c'est la femme d'un prêtre. Où reposera-t-elle » ses chagrins ? Dans le sein d'un Dieu ? Pour elle son » temple même est fermé !

» Et tes enfants, hélas! nul ne les appellera du doux
» nom de parent et de frère : ils seront isolés sur la
» terre, isolés comme le crime et le malheur! Ne les
» vois-tu pas te demandant compte de cette horreur
» publique qu'excite leur présence, maudire le jour que
» tu leur as donné!

» Reviens, reviens à ton vieux père, qui te dit : Ta
» lettre d'adieu a reçu mes larmes comme les tiennes ;
» tu m'y parlais à genoux..... Lève-toi, viens dans mes
» bras, pauvre et fragile fleur, repose sur mon cœur ta
» tête courbée par l'orage des passions !!!

» Tu m'y parlais de ton Dieu...

» *Tu espérais encore qu'il te pardonnerait l'écart que*
» *tu fais dans ce monde.....* Ce n'est qu'en revenant à
» ton père, ce n'est qu'en rentrant dans le sein du devoir
» et de l'honneur, que ton Dieu peut te pardonner. »

Dans la réplique, pour être encore plus véhément, Ferrère s'adressa avec un art surprenant, non à la fille, mais au séducteur, et opposa, en principe, au mariage des prêtres, des arguments répétés plus tard par les orateurs qui ont si fréquemment agité cette question. Son éloquence fut telle que la jeune fille, qui depuis plusieurs années s'était laissé fasciner par Marc Boisset, faisant violence à la plus dominatrice des passions, tomba aux genoux de Ferrère, et le supplia de la réconcilier avec sa famille.

La puissance de sa parole se révéla surtout dans une cause qui présente un caractère de similitude avec le procès de la nièce de Lacombe. Pendant la Terreur, un nommé Lanusse avait fait souscrire des billets à une femme septuagénaire, sous la condition verbale de la soustraire à l'échafaud. La tête de cette femme était tombée, et Lanusse venait réclamer à la fille de la vic-

time le paiement des billets souscrits !! Tant d'audace
et tant d'infortune émurent Ferrère. Il évoqua les mânes
de celle qui n'était plus et lui prêta des paroles que ne
put supporter Lanusse. De sa voix la plus saisissante,
il l'avait apostrophé en ces termes : « Lanusse, il est
» un Dieu ; son existence n'est pas plus certaine que
» l'abus que tu as fait de cette vieillesse. Ecoute, la
» voix du vieillard qui accuse, comme celle du père
» qui maudit, emprunte quelque chose de l'éternelle
» vérité. Ne vois-tu pas son sceau dans ces rides véné-
» rables, son symbole sur ce front chenu ? O malheureux,
» qui peut te dérober à cette colère qui s'allume ? Tiens,
» la voilà cette femme qui, près d'un siècle, n'a connu
» de la vie humaine que l'obscurité, la paix, la solitude
» laborieuse de ses dieux domestiques, qui appela ta
» raison supérieure au secours de la sienne ; je te la
» livre, je la livre à la justice ; la voilà ! Arme la force
» de ton âge et la souplesse de ton expérience contre ce
» flambeau qui vacille et cette voix qui s'éteint. Prépare
» tes explications, tes romans, tes fables, tes témoins,
» tes impostures. La vérité, la vérité terrible est là pour
» rétablir l'équilibre. Une fois il m'aura été donné de
» connaître son empire, de voir l'éternelle Providence
» justifiée par son triomphe, de me convaincre que tout
» n'est pas artifice, imposture, illusion sur cette terre,
» et que mon cœur ne m'a point menti.

» Ou plutôt reviens à toi, reconnais ta perfidie ; pleure,
» et mes larmes vont adoucir l'amertume de tes pleurs.
» Tiens, nul ici, nul au monde ne croit à tes titres men-
» songers ; l'obstination est inutile : le succès même ne
» t'absoudrait pas. Donne, donne une leçon de repentir ;
» elle ne sera pas un sacrifice ; donne-la, te dis-je,
» et je t'en tiendrai compte comme d'une vertu. Tu es

» époux, tu es père, que veux-tu donc léguer à tes en-
» fants? Détourne d'eux cet héritage d'infamie. Un aveu
» peut encore te réhabiliter ; mais les moments sont
» courts, l'heure fatale approche : vois-tu la justice qui
» touche déjà la vérité ! »

Hors de lui, Lanusse ne peut se contenir ; il se
roule aux pieds de Ferrère, il lui crie merci. « Assez,
» assez, dit-il, je demande pardon à Dieu, au tribunal,
» au peuple, à vous-même. » D'une main tremblante,
il remet à Ferrère les titres iniques, et quitte précipitamment la salle d'audience, comme si la voix qui
venait de se faire entendre eût laissé un écho encore
retentissant. Il fuit ; mais la foule, que l'orateur avait
transportée d'indignation, se rue sur Lanusse, et lui
forme une menaçante escorte. Ferrère accourt : « Mes-
» sieurs, dit-il, sachons comprendre que le repentir
» aussi est une force. Nous avons gagné notre procès,
» et c'est une joie de famille ; mais la patrie a gagné un
» honnète homme, que ce soit la joie de tout le monde ! »
Relevé par celui qui un instant auparavant l'avait brisé,
Lanusse voit la foule silencieuse lui ouvrir un passage ;
mais, poursuivi par le souvenir de l'audience, par la
présence de Ferrère qu'il croyait encore devant lui, il
se donna la mort.

L'éloquence a-t-elle produit de plus grands effets? A
ces traits, ne direz-vous pas, Messieurs, avec ceux qui
l'ont entendu, qu'il est refusé à la postérité de comprendre ce que fut Ferrère?

Ne vous expliquerez-vous pas tous les termes d'élo-
ges donnés à son génie?

L'un, aujourd'hui président au Conseil d'Etat (1), a

____

(1) M. Boinvilliers, *Principes*, etc, p. 463.

appelé Ferrère « l'homme le plus éloquent qui ait porté
» la robe d'avocat dans les temps modernes. » — Un
autre (1) a dit de lui :

> Génie ardent, fécond, pénétrant, étendu,
> Le plus grand que notre âge ait encore entendu.

Du haut de la chaire chrétienne, l'illustre Dominicain
(2), que nous sommes si heureux de voir près de nous,
s'est écrié, en parlant de Ferrère : « Bordeaux, toi qui
» as vu commencer et finir de si belles renommées, en
» est-il une dont le souvenir te soit plus précieux ? » Un
écrivain d'élite (3) le considère comme « l'avocat le plus
» éloquent d'un barreau fertile en avocats éloquents, »
et sa gloire, « comme la plus éclatante et la plus pure
» dont le barreau puisse s'enorgueillir, » — Enfin celui
qui le connut le mieux (4) a écrit ces lignes : « Mira-
» beau était exhaussé sur un piédestal bien élevé : il
» parlait une langue bien nouvelle, et l'Europe était un
» bien grand auditoire ; mais, en présence de Ferrère,
» peut-être l'Achile de l'Assemblée nationale eût-il
» trouvé son maitre ; peut-être l'impétueux porte-parole
» eût-il fléchi parfois sous le roi des rois des orateurs ? »

On ne saurait rien ajouter à de telles appréciations.

Mais il ne faut pas admirer seulement dans Ferrère
les talents oratoires. Il ne fut grand par la parole que

------

(2) De Peyronnet, *Satires*.
(3) Le R. P. Lacordaire.
(4) M. Pinard. conseiller en la Cour impériale de Paris, *Le
Barreau*, p, 260 et 263.
(5) *Mémoires de Fleury*, seconde série, p. 334.

parce qu'il fut grand par la vertu (1). C'est le côté sous lequel il nous reste maintenant à vous le faire connaître.

Il porta le désintéressement au point de le faire dégénérer en défaut, si le désintéressement pouvait cesser d'être une vertu. Il trouvait la récompense de ses efforts dans la conscience d'avoir bien fait. L'un de ses amis nous disait naguère : « Ferrère défendit fréquemment » mes intérêts ; après un premier plaidoyer, je me » permis de lui offrir 25 louis ; son regard et son atti- » tude m'obligèrent à les reprendre. »

Vous dirai-je aussi les habitudes de Ferrère ?

Cet excellent homme, que ses confrères avaient surnommé le *bon*, l'*intègre*, fut, comme l'illustre jurisconsulte d'Orléans, comme Pothier, la providence des pauvres. « Oh ! combien d'infortunés, a écrit Buban » (2), élèveraient leurs voix reconnaissante pour célé- » brer l'abandon qu'il leur fit de son temps et de ses » soins, de ses conseils et de ses travaux ! Combien de » sacrifices ignorés ! Que de bienfaits perdus pour sa » renommée et qui n'en furent que plus doux à son » cœur ! Le malheureux n'implora jamais en vain ses » secours ; le tribut du riche alimentait la gratitude du » pauvre, et tout, excepté le nécessaire, était le patri- » moine de l'indigence et de l'amitié. » Pour satisfaire aux élans de son cœur, pour qu'il pût répandre librement ses largesses, savez-vous quel était son pieux stratagème ? Ses vêtements étaient son coffre-fort. Dans les plis des chemises, des bas, dans les doublures des

---

(1) *Neque erit perfectus orator, nisi qui honestè dicere et sciet et audebit* (Quintilien, *Inst. or.* XII, 2).

(2) Discours prononcé sur la tombe de Ferrère.

habits, il cachait son or et son argent ; « habitude, dit
» M. Pinard, qui paraîtrait imitée de Lafontaine, si
» Lafontaine avait eu de l'or. »

Vous citerai-je, Messieurs, un trait de délicatesse de
sentiment et de générosité dont peut-être il n'existe pas
d'exemple ?

Un jour, à l'approche des vacances judiciaires, cet
homme, qui vivait un peu à l'aventure, trouva vides
les cachettes ordinaires de ses ressources ; dans son
embarras, il dut s'adresser à une dame, sa cliente,
qui lui avait fait quelque temps auparavant des
offres d'honoraires. Elle se rend aussitôt chez lui, tout
étonnée : « Mais vous vous méprenez, dit-elle ; voici
la quittance. » — Ferrère est atterré : « Qui vous l'a
» remise, Madame ? » — « Mon fils. » — « Votre fils ! »
Ferrère ouvre un carnet et reste un moment silencieux :
« C'est vrai ; vous ne me devez rien, madame ; excusez
» mon manque de mémoire » — Le soir, il mande le
jeune homme, qui, vaincu par la dignité de ses reproches, tombe à ses genoux et fait l'aveu de son crime.
« Relevez-vous, monsieur, lui dit-il ; oublions votre
» conduite ; sachez que je préfère porter atteinte à mon
» renom d'homme intègre que de déchirer le cœur d'une
» mère » Ce trait seul honorerait une vie.

Son cabinet était une école de science, d'ingénieuse
bonté et de discréte bienfaisance. On venait l'y consulter, même sur des points étrangers au droit, et nous
avons entre les mains une lettre de Ferrère, qui témoigne de la prudence et de la sagesse de ses conseils.
C'est là que se formèrent de Saget, âme loyale, à qui
le commerce de Ferrère fut si précieux ; de Peyronnet,
ce littérateur spirituel, qui a fait oublier la fougue de
son caractère par l'éclat de ses talents, et qui trouva

dans son guide la bonté d'un père. Lorsqu'il eut à se défendre contre des poursuites, que lui avaient suscitées l'ardeur impétueuse de sa jeunesse, Ferrère l'assista. De Peyronnet eut, à son tour, pour son maître la reconnaissance d'un ami et l'affection d'un fils : il est peu de ses discours où l'on ne reconnaisse à l'intention de la mémoire de Ferrère les plus touchantes allusions (1).

Dans ce cabinet étudièrent aussi M. Duvergier, le savant continuateur de Toullier ; MM. Dutrouilh, Raffet et Cavaillon qui ont honoré les divers degrés de la magistrature bordelaise. A l'apogée de sa gloire, il se plaisait à guider les premiers pas des jeunes gens et à leur frayer la route. Les membres de l'ordre pouvaient compter sur ses avis et, au besoin, sur son concours : on a reconnu sa main jusque dans les chefs-d'œuvre de ses confrères les plus renommés (2).

Ferrère ne caressa point les partis en vue d'un crédit passager : il ne demanda pas à l'intrigue d'éphémères succès : il ne prêta jamais un appui systématique aux faibles contre les grands ou aux grands contre les faibles. Aucun ne fut, en effet, plus indépendant que lui ; il n'écouta que la voix du devoir et eut le cœur plus haut que la fortune. S'il eût vécu, il eût été pour ses amis de [La Réole, les frères Faucher, un éloquent défenseur.

----

(1) Principalement dans le discours qu'il a prononcé, à la fin de 1815, en prenant possession du siège de président du Tribunal de première instance de Bordeaux.

(2) La tradition lui attribue, par exemple, la péroraison que prononça Dénucé dans le célèbre plaidoyer pour Ponterie et particulièrement le passage qui commence par ces mots : « Prête-» moi tes sombres pinceaux, terrible Dante..... »

On ne surprit dans Ferrère ni orgueil de ses triomphes oratoires, ni indifférence et dédain pour les succès de ses rivaux. Les émotions qui remplirent sa vie n'émoussèrent pas sa sensibilité. Il semble, au contraire que les secousses les plus rudes, loin de l'affaiblir, aient ajouté à sa délicatesse. Un jour, il sollicita la défense d'une malheureuse veuve, poussée au vol par les cris de ses enfants qui manquaient de vêtements et de pain. La somme qu'elle avait soustraite était au-dessus de ses besoins. Elle préleva strictement l'argent qui lui était nécessaire et s'imposa des privations pour recomposer la somme, dans l'intention de la restituer. Ferrère eut le bonheur d'obtenir du jury un verdict d'acquittement. Il adresse alors à sa cliente de touchantes exhortations ; puis, se tournant vers la Cour, vers le jury, l'auditoire, il s'écrie : « Magistrats, jurés, » citoyens, une obole pour celle dont vous connais » sez l'infortune, afin que les sentiments de l'amour » maternel n'étouffent pas en elle les sentiments de la » morale. » Et, la toque à la main, il va dans les rangs, recueillant de tous une aumône abondante pour cette femme, qui n'avait vu dans Ferrère qu'un conseil et qui rencontra un bienfaiteur.

Il ne connut pas l'inimitié ; s'il la découvrait chez les autres, aucun sacrifice ne lui coûtait pour la détruire. Il ne rompit point ses relations de famille avec Bertrand Barrère (1), son compatriote, qui avait été membre du Comité du salut public. A sa prière même, il défendit, devant le tribunal maritime de Rochefort, son frère, accusé d'avoir laissé prendre par les Anglais

---

(1) Le conventionnel Barrère a fait partie du barreau de Toulouse.

le bâtiment qu'il commandait. Il présenta sa justification sur le vaisseau amiral, le dimanche, 13 juillet 1806, en présence de vieux marins, auxquels sa mâle éloquence arracha des larmes. » Qu'importe, dit-il, » habilement dans une partie de son plaidoyer, qu'im- » porte à celui dont les destinées sont d'élever celles » de la France au plus haut degré de splendeur et de » gloire que, dans une nuit d'hiver, un lâche ennemi, » prenant les ténèbres pour complices, étouffant jus- » qu'au bruit de ses rames, qui pouvaient, en éveillant » la valeur, illustrer du moins la victoire, ait surpris » un bâtiment désarmé ? Que peut ce misérable coup » de main contre tant de palmes immortelles ? » Est-il utile d'ajouter que Barrère échappa à la mort ?

Ferrère n'enchaîna point sa vie dans les liens du mariage. Il vécut seul, au milieu de ses livres, dis- tribués avec soin à tous les étages de sa maison : bibliophile opiniâtre, il mettait sa joie à en augmenter le nombre par quelque rare découverte ; il y tenait tellement qu'il disait deux jours avant sa mort : « Je » veux qu'on aille redemander mes livres à ceux qui » me les ont empruntés ; je veux qu'on trouve ma » bibliothèque en ordre » C'est la seule fortune qu'il amassa au prix de vingt années de labeur.

Il fut d'une pureté irréprochable dans sa vie. Cette vertu ne donne pas seulement du relief aux qualités de l'homme : elle est la condition indispensable du mérite. Nul respect n'est dû au talent qui se produit en dehors de l'honnêteté des mœurs ; si cet illustre avocat n'eût pas été austère, nous ne l'aurions pas loué, malgré sa modestie, sa grandeur d'âme et son éloquence.

Comme tous les hommes vraiment grands, Ferrère aima la religion d'un amour éclairé. Il pensa, avec un sage de l'antiquité, « qu'il est plus facile de bâtir une

» ville dans les airs que de maintenir une cité sans
» religion, » et qu'il est impossible de cimenter une
société à l'aide d'idées purement terrestres et d'abstrac-
tions métaphysiques. Aussi, non content de faire à ses
amis sa pieuse profession de foi, il la laissa souvent s'é-
pancher dans ses discours, et entre autres dans le procès
Plantey, où nous avons lu ces paroles : « J'aime et je
» vénère la religion sainte, qui bénit les auteurs de
» mes jours, qui m'accueillit aux portes de la vie, qui
» consola ma mère sur son lit de mort, lorsqu'elle me
» laissa faible et isolé sur cette terre. »

Ferrère vécut donc uni à Dieu par la tendance même
de son être, à ses semblables, à ses confrères par les
doux liens de la bienfaisance ou de l'amitié. Dans sa
vie retirée, sa mère manquait à ses affections, sa mère
« qu'il aimait, disait-il, non parce qu'elle l'avait conçue,
» mais parce qu'il l'avait déchirée et qu'elle l'avait
» nourri ; » il ne prononçait qu'en pleurant le nom de
son vieux père. Il reporta spécialement les élans de
sa tendresse vers ses frères, dont l'un occupa à Bordeaux une position honorable ; un autre, après avoir
dirigé l'éducation des enfants du Maréchal Ney, se dis-
tigua dans les rangs du clergé de sa ville natale.

Il allait passer la plus grande partie de ses jours de
repos à Tarbes, auprès de ses parents. Il se sentait
attiré vers les Pyrénées, où il cherchait souvent à se
perdre pendant plusieurs jours, demandant à la cabane
du pâtre un asile pour la nuit, à la solitude ses inspirations, à la nature les richesses qu'il réservait à ses
nouveaux discours. Il profitait aussi du temps des vacances judiciaires « pour se colleter avec les anciens

» auteurs (1), » au château de la famille de Groc, sur
les bords de la Garonne, à Rions, d'où il adressa à son
ami Péry, en 1812, la plus remarquable pièce de vers
qu'il ait composée :

> Rions, agréable ermitage,
> Où le penchant, vainqueur de l'âge,
> Me ramène après tant d'hivers ;
> Que j'ai chéri, dès mon aurore,
> Et dont le charme dure encore,
> Malgré le sort et les pervers.
>
> . . . .

Ce dernier mot rappelle ses heures d'amertume. La
gloire blesse l'œil de l'envie. Il en est qui eusssnt voulu
étouffer dès le principe cette vigoureuse intelligence,
tant elle leur donnait d'ombrage. Vains efforts ! Il fit
taire la calomnie, « née, disait-il, en même temps que
» la vertu, pour lui apprendre qu'elle est voyageuse et
» étrangère sur cette terre. » Cependant il garda sur la
société, en général, des idées sombres et noires ; il a
écrit :

> Je crois les hommes égoïstes,
> Trop esclaves du succès :
> Petits, ils sont menteurs ; grands, ils sont froids et tristes ;
> Et je suis triste aussi depuis que je le sais (2).

Le monde connut beaucoup plus son nom que sa
personne : il apprécia les hommes, les choses et les
grandeurs de cette terre avec une énergie et une har-

______

(1) Expression de Ferrère.
(2) Profession de foi de Ferrère.

diesse que n'eût pas dédaignées Massillon. Il conserva peut-être trop profondément « le ressouvenir de ses » frères proscrits, de ses amis, des compagnons de son » jeune âge (1). » Mais, parce qu'il stigmatisa les agitateurs de la patrie et la corruption du temps, il ne nia pas les bienfaits de la Révolution, et si ses peintures font frémir, il faut adresser des reproches, non à son pinceau, mais aux évènements.

Il s'affligea des embûches qui lui furent tendues, de la conduite versatile de ceux qui l'entouraient, de leur attachement au bien du moment, de leur mépris pour le bien à venir. Une fois, on l'entendit s'écrier :

« Oh ! quelle tâche journalière m'est imposée dans ce » prétoire; toujours de la mauvaise foi, de l'intrigue, » de coupables intelligences contre l'inexpérience ; la » ruse et la violence complotant contre la propriété, la » ravissant, et compromettant même la vie ; partout et » toujours, c'est son côté le plus hideux et le plus noir » que l'humanité me présente. Je l'avoue, magistrats, » un tel spectacle flétrit mon cœur : il me devient souvent un supplice, et lorsque, dans cette enceinte, je » puis saisir quelqu'un de ces sentiments qui dilatent » le cœur et nous font doucement sentir l'existence, je » le savoure comme la fleur du désert (2). »

Il ne s'égayait que dans les cercles intimes de l'amitié, à la chambre des avocats, où il semblait vouloir

____

(1) Plaidoyer pour les héritiers Lemoine contre la nièce de Lacombe.

(2) Plaidoyer inédit pour les héritiers Boric-Cambort contre Marguerite Lasserre.

faire oublier la gravité de ses plaidoiries par une conversation attachante, semée de pensées originales et de mots d'un esprit si naturel que, répétés devant lui, il en demandait l'auteur. C'est à ses confrères qu'il disait ses vers ; c'est devant eux qu'il les jetait au feu, *pour les mettre en lumière,* aspirant, disait-il, avec enjouement, à devenir poète *in partibus.* Si dans ces réunions, auxquelles l'esprit de confraternité donnait tant de charme, on plaisantait de l'accent méridional de Ferrère, de la mise bizarre de Duranteau, Ferrère et Duranteau étaient les premiers à en rire. Cette chambre des avocats, autrefois égayée par les saillies de Ferrère, conserve aujourd'hui la mémoire de ses triomphes oratoires, et l'étranger peut y saluer sa noble figure (1).

Nous touchons au terme de notre tâche, Messieurs. Nous n'avons plus qu'un mot à dire, mais un mot bien douloureux. Comment mourut Ferrère? Comment s'éteignit cette belle vie? Ou plutôt comment s'est-elle brisée?

Soit modestie, soit répugnance, soit attachement à un ordre de choses qui n'était plus, Ferrère, comme nous l'avons dit, était resté toujours étranger à la politique. Le jour où elle se mêla à sa vie, elle y porta le coup de la mort. Pendant les années de l'Empire, il s'était fait le centre d'un parti d'hommes modérés; également éloignés de la rébellion et de la flatterie, ils regrettaient le passé, se berçaient de souvenirs, en rendant toutefois justice au génie de l'Empereur qui, « après » tant de nouveautés et de délire, avait rapporté à la

____

(1) Le buste de Ferrère orne la bibliothèque des avocats de Bordeaux.

» nation l'ordre et la gloire, c'est-à-dire quelque chose
» de français (1). »

On connaît les funestes évènements qui livrèrent la
France nue et désarmée à la vengeance et à l'épée de
l'ennemi ; on connaît l'accueil que reçut à Bordeaux,
en 1814, la famille des Bourbons. Les amis de Ferrère
s'étaient flattés que, dans l'intérêt de son avenir et
pour se ménager une place dans le conseil des rois,
revenus de l'exil, il se porterait avec empressement à
leur rencontre.

En sa qualité de membre du conseil municipal, Ferrère fut, en effet, désigné pour faire partie de la dépu-
tation chargée de parlementer avec les chefs de l'armée
étrangère. Il fut témoin de la conduite inqualifiable du
maire de la ville, qui, arrivé auprès du général anglais,
déchira l'écharpe dont il était revêtu, arracha de sa
poitrine la croix de la Légion-d'Honneur et foula aux
pieds l'une et l'autre, en présence de l'armée anglaise.
Le cœur ulcéré, Ferrère revint précipitamment, se
rendit à l'Hôtel-de-Ville, et adjura le conseil d'inter-
peller sur sa conduite son indigne représentant.

Mais le lendemain, 12 mars, les troupes de l'invasion
et le duc d'Angoulême entraient à Bordeaux.

Les notables de la cité, les membres du Conseil de
l'ordre des avocats vinrent prier Ferrère de complimen-
ter le Prince en leur nom ; de Peyronnet, dont les instances étaient plus vives, lui disait : « Vous amoin-
» drirez, si vous n'acceptez pas cette mission, l'estime
» que l'on a pour vous ; l'occasion sera perdue pour
» jamais de vous préparer un brillant avenir ; vos amis

____

(1) Mémoire inédit du 12 mars.

» auront à vous reprocher de ne vous être pas rendu
» auprès d'un Prince, qui vous réserve le meilleur
» accueil. » Ferrère résista à toutes les sollicitations.
« Napoléon n'a pas cessé de régner, répondit-il. Les
» alliés le considèrent comme souverain, et négocient
» avec lui. Mon serment me prescrit de me refuser à
» la démarche que l'on sollicite de moi............. »
Il écrivit plus tard en se rappelant les instances de
Peyronnet : « Que ce noble ami était loin de se douter
» des principes auxquels j'obéissais, s'il pouvait croire
» que l'intérêt personnel eût quelque part à ma con-
» duite, et dût en changer le résultat! Que Peyronnet
» me pardonne ; mais, préoccupé, sans doute, par une
» amitié qui a aussi son exaltation et son ivresse, il ne
» voyait pas ce qui était en moi : le dévouement à la
» règle qu'on s'est formée, quel que puisse être l'évè-
» ment (1). »

Nous laissons, Messieurs, à votre appréciation cet
acte de la vie de Ferrère, d'autant plus méritoire qu'il
restait fidèle à Napoléon non par sympathie, mais par
le sentiment exquis du devoir.

L'ordre des avocats en comprit toute la valeur. Pour
le voir porté à sa tête, il le nomma le premier sur la
liste des membres du Conseil de discipline. Mais l'opposition, ou pour mieux dire, l'indépendance que Ferrère
avait montrée au 12 mars, fut un obstacle à son élévation officielle au titre de bâtonnier.

Ces évènements eurent pour Ferrère de funestes
conséquences. La calomnie essaya de flétrir sa conduite pendant ces derniers jours. Cet homme, dont la

____

(1) Mémoire du 12 mars.

vie est pure de toute tâche, s'émut de ces viles atta-
ques. Il voulut y répondre. L'ardeur qu'il mit à com-
poser un mémoire, conservé à Bordeaux par une
honorable famille (1) comme un trésor de sensibilité et
un chef-d'œuvre de littérature, porta une sérieuse
atteinte à sa santé. Les longues veilles, les émotions
du barreau l'avaient ébranlée prématurément; les évènements politiques achevèrent de la ruiner. Une
maladie héréditaire, une affection de poitrine prit
rapidement une foudroyante gravité. Son état fut bientôt
désespéré. La violence du mal n'altéra point la sérénité
de son caractère. Il dit en souriant à un ami, qui
venait le voir après une longue absence : « Tu arrives,
» et moi je pars. » Mais au moment suprême, il ne
voulut admettre ni parent ni ami, non que sa grande
âme ne fût assez forte pour supporter une telle
séparation, mais pour leur en épargner les angoisses.
Il porta un regard sur tous les actes de sa vie, s'humi-
lia devant le ministre de l'Être tout-puissant, et rendit
à Dieu l'esprit incomparable qu'il en avait reçu.

Dans son testament, après avoir « donné quittance
» pleine et entière à tous ses débiteurs », il avait écrit :
« Je veux aller joindre mes ossements aux ossements
» de mes pères et placer ma tombe auprès de mon ber-
» ceau. » On allégua des considérations politiques pour
ne point exécuter ses dernières volontés. Aussi, lorsqu'on
parcourt les allées de la Chartreuse de Bordeaux, on
remarque, à quelques pas de la tombe de Ravez, un
vaste mausolée, dont la simplicité et la sombre cou-

____

(1) La famille de M. Péry, notaire.

leur attirent involontairement les regards. Pour toute épitaphe, on y lit cette brève inscription :

PHILIPPE FERRÈRE,

AVOCAT,

NÉ A TARBES,

LE 2 OCTOBRE 1767,

MORT A BORDEAUX,

LE 14 JANVIER 1815.

C'est là, sous ces pierres, qui ont toute l'apparence d'un antique sarcophage, que repose notre grand avocat. Son nom seul réveillait d'assez beaux souvenirs, pour qu'on ait cru inutile de graver un mot d'éloge sur sa pierre sépulcrale. Pendant sa vie, il fut l'objet de l'empressement de la foule ; lors des cérémonies publiques, le père de famille élevait son enfant dans ses bras, et le lui montrait du doigt (1). A sa mort, la cité en deuil l'accompagna à sa dernière demeure ; une voix éloquente (2) lui adressa d'émouvants adieux ; et sa gloire est restée la plus populaire de toutes les gloires de Bordeaux (3).

« Quelle fut donc, dit de Saget, la puissance de cet » homme, qui sortit pauvre, isolé, sans protection, de » sa patrie, et dont les hommes les plus recommanda- » bles d'une cité se glorifient d'être les obligés ? — Sa » puissance fut son talent, » et ce qui est plus fort que talent, la vertu.

Quel sujet d'étude qu'une telle vie, qui sera l'éternel honneur du barreau ! Nous n'en avons pas trouvé de

______

(1) .... *Monstrari digito, et dicier : hic est* (Stace).

(2) Buhan, ancien procureur général, alors bâtonnier.

(3) Le nom de Ferrère a été donné à une rue de Bordeaux.

plus digne d'être offerte à l'attention d'un auditoire d'élite, du Chef vénéré de cette Cour, du Magistrat éminent dont la présence nous réjouit le cœur, de vous, Messieurs, qui savez apprécier les vertus, parce que les vertus vous honorent.

C'est un usage bien ancien de transmettre aux descendants la mémoire des hommes célèbres. Cet usage est passé désormais dans les habitudes de notre Ordre. Des confrères estimés ont fait revivre devant vous des hommes dont la vie a été consacrée soit à la science exclusive des lois (1), soit au barreau et à la magistrature (2), soit encore à la vie publique et aux difficiles labeurs de l'administration (3). Ils l'ont fait avec un talent qui nous oblige à solliciter votre indulgence. Cependant nous nous croirions bien récompensé de nos efforts, si nous étions parvenu à faire passer dans vos esprits quelque chose de l'admiration dont nous sommes pénétré pour un homme dont la modestie n'a pu cacher la grandeur.

Vous, à qui nous sommes uni par les liens d'une cordiale confraternité, acceptez le modèle que nous avons placé sous vos yeux. Puisons ensemble dans cette vie de féconds enseignements. S'il ne nous est pas donné d'avoir la profonde sensibilité, d'atteindre, même de loin, à l'éloquence de cet orateur, qui, suivant le précepte de Fénélon (4), « n'usa jamais de la parole » que pour la pensée, et de la pensée que pour la vé-

---

(1) Eloge de Laviguerie, par Me Albert.

(2) Eloges de Romiguière, de Ravez, de Chauveau-Lagarde, par Mes Vaïsse, L. Féral, V. Pillore.

(3) Eloge de Gary, par Me J. d'André.

(4) *Dialogues sur l'éloquence.*

» rité et la vertu, » du moins apprenons de lui l'amour
de la science, la modestie, le mépris de la gloire, le
désintéressement, le dévouement au devoir ; méditons
sur les moyens d'arriver à ces qualités. Les vies des
grands hommes de Plutarque ont fait des milliers de
héros ; la vie de Ferrère ne fera peut-être pas des orateurs ; mais elle peut aider, ce qui est préférable,
à former des caractères intègres.